“ධම්මෝ හි වාසෙට්ඨා, සෙට්ඨෝ ජනේතස්මිං
දිට්ඨේ චේව ධම්මේ, අභිසම්පරායේ ච.”

වාසෙට්ඨයෙනි, මෙලොවෙහි ත්, පරලොවෙහි ත්
ජනයා අතර ධර්මය ම ශ්‍රේෂ්ඨ වෙයි !

- අග්ගඤ්ඤ සූත්‍රය - භාග්‍යවත් බුදුරජාණන් වහන්සේ

චතුරාර්ය සත්‍යාවබෝධයට ධර්ම දේශනා

නිවැරදි ලෙස දහම දැකීම

පූජ්‍ය කිරිබත්ගොඩ ඤාණානන්ද ස්වාමීන් වහන්සේ

© සියලුම හිමිකම් ඇවිරිණි.

ISBN : 978-955-687-075-6

ප්‍රථම මුද්‍රණය : ශ්‍රී බු.ව. 2559 ක් වූ දුරුතු මස පුන් පොහෝ දින

සම්පාදනය : මහමෙව්නාව භාවනා අසපුව
වඩුවාව, යටිගල්ඔළුව, පොල්ගහවෙල.
දුර : 037 2244602
info@mahamevnawa.lk | www.mahamevnawa.lk

පරිගණක අකුරු සැකසුම, පිටකවර නිර්මාණය සහ ප්‍රකාශනය :
මහාමේඝ ප්‍රකාශකයෝ
වඩුවාව, යටිගල්ඔළුව, පොල්ගහවෙල.
දුර : 037 2053300, 0773216685
mahameghapublishers@gmail.com

මුද්‍රණය : ලීඩ්ස් ග්‍රැෆික්ස් (පුද්.) සමාගම,
අංක 356 E, පන්නිපිටිය පාර, තලවතුගොඩ.

චතුරාර්ය සත්‍යාවබෝධයට ධර්ම දේශනා....

නිවැරදි ලෙස දහම දැකීම

අලුත් දහම් වැඩසටහන

8

පූජ්‍ය කිරිබත්ගොඩ ඤාණානන්ද ස්වාමීන් වහන්සේ

විසින් පොල්ගහවෙල මහමෙව්නාව භාවනා අසපුවේ අලුත් දහම් වැඩසටහනේ දී සිදු කළ ධර්ම දේශනා ඇසුරිනි.

මහාමේඝ ප්‍රකාශනයකි

පෙළගැස්ම....

නමෝ තස්ස භගවතෝ අරහතෝ සම්මාසම්බුද්ධස්ස
ඒ භාග්‍යවත් අර්හත් සම්මා සම්බුදුරජාණන් වහන්සේට නමස්කාර වේවා!

උදේ වරුවේ ධර්ම දේශනය...

ශ්‍රද්ධාවන්ත පින්වත්නි,

අපි පසුගිය වැඩසටහන් වලදී දිගටම ඔබට ඉගැන්නුවේ පටිච්ච සමුප්පාද ධර්මයයි. බොහෝ දෙනෙක් හිතන්නේ පටිච්ච සමුප්පාදයේ අවිජ්ජා පච්චයා සංඛාරා කියලා කියන ඒ කොටස පමණක් ඉගෙන ගත්තහම පටිච්ච සමුප්පාදය ගැන තියෙන දැනීම සම්පූර්ණයි කියලා. එහෙම නැත්නම් හිතන්නේ පටිච්ච සමුප්පාද නිරෝධ කොටසත් ඉගෙන ගත්තහම දැනීම සම්පූර්ණයි කියලා. ඒක සම්පූර්ණ දැනුමක් නෙමෙයි කියලා කලින් වැඩසටහන් වලින් ඔබට තේරුම් යන්න ඇති.

බුද්ධ දේශනාවේ තියෙනවා **"යෝ පටිච්ච සමුප්පාදං පස්සති, සෝ ධම්මං පස්සති"** යමෙක් පටිච්ච සමුප්පාදය දකිනවා නම්, ඔහු ධර්මය දකී. **යෝ ධම්මං පස්සති.** යමෙක් ධර්මය දකිනවා නම්, **සෝ මං පස්සති.** ඔහු බුදුරජාණන් වහන්සේව දකී කියලා. ඒ නිසා පටිච්ච සමුප්පාදය ඉගෙන ගනිද්දි 'සංස්කාර කියන්නේ මොනවද? විඤ්ඤාණ කියන්නේ මොනවද?' කියලා වාද කර කර

දකින්න පටිච්ච සමුප්පාදයක් නෑ. වාද කිරීමෙන් අකුසල්
විතරක් හටගනියි. හටගන්න කුසලයක් නෑ. ඒ වගේම
ඔබට මතකද මං කිව්වා හරි විදිහට පටිච්ච සමුප්පාදය
තේරුනොත් එයාට කුසල්, අකුසල් ගැන බලවත්
ප්‍රසාදයක් පැහැදීමක් අවබෝධයක් ඇතිවෙනවා කියලා.
ඒ කියන්නේ හරි විදිහට පටිච්ච සමුප්පාදය කෙනෙකුට
අවබෝධ වුනොත් එයා සත්පුරුෂයෙක් වෙනවා.

ජරාමරණ වලින් පටන් ගන්න....

අපි මුලින්ම මේ පටිච්ච සමුප්පාද ධර්මය
උගන්නද්දි මාතෘකා වශයෙන් තබාගත්ත සූත්‍ර දේශනාව
තමයි විපස්සී සූත්‍රය. පටිච්ච සමුප්පාදය අපි කියාදුන්නේ
"අවිජ්ජා පච්චයා සංඛාරා, සංඛාර පච්චයා විඤ්ඤාණං"
ආදී වශයෙන්. ඒ විදිහට තමයි සාමාන්‍යයෙන් අපිට
බුදුරජාණන් වහන්සේ උගන්නලා තියෙන්නේ. නමුත් ඒක
අවබෝධ කරද්දි උන්වහන්සේ ජරාමරණ වලින් පටන්
අරගෙන නුවණින් විමසගෙන යන්න කිව්වා.

බුදුරජාණන් වහන්සේ මේ පටිච්ච සමුප්පාදය
දේශනා කළේ චතුරාර්ය සත්‍යයට ඉලක්ක කරලා. වෙන
දේකට නෙමෙයි. මං ගිය වතාවේ පච්චය සූත්‍රය මූලික
කරගෙන පටිච්ච සමුප්පාදයේ එක එක අංගයක් හතර
ආකාරයකට විස්තර කරලා ඔබට කියාදුන්නා. ජරාමරණ
කියන්නේ මොකක්ද? ජරාමරණ හටගන්නේ මොකෙන්ද?
ජරාමරණ නැතිවෙන්නේ කොහොමද? ජරාමරණ
නැතිවෙන මාර්ගය මොකක්ද? කියලා මේ විදිහට පටිච්ච
සමුප්පාදයේ අංග දොළහ ගැනම කියාදුන්නා.

එක මාර්ගයයි.... වෙන මාර්ගයක් නෑ....

ඒකෙදි අපි ඉගෙන ගත්තා පටිච්ච සමුප්පාදයේ තියෙන මේ හැම ප්‍රත්‍යයක් ම නිරුද්ධ වෙන මාර්ගය තමයි ආර්ය අෂ්ටාංගික මාර්ගය කියලා. ඒකේ තේරුම් තමයි පටිච්ච සමුප්පාදය හරියට දන්න කෙනා ආර්ය අෂ්ටාංගික මාර්ගයත් දන්නවා. නැත්නම් පටිච්ච සමුප්පාදයේ තියන්නේ මේ මේ සංස්කාර කියලා ඔන්න වාදයක් හදාගන්නවා. ඕකේ උගන්වන්නේ මේ මේ විඤ්ඤාණය කියලා වාදයක් හදාගන්නවා. ඒකෙන් කිසිම සෙතක් වෙන්නෙ නෑ. මිනිස්සුත් ඒක අහලා අවුල් වෙයි. ඊට අමතර කියලා කිසි දෙයක් නෑ.

එහෙනම් පටිච්ච සමුප්පාදයේ ම කොටසක් තමයි ආර්ය අෂ්ටාංගික මාර්ගය ඉගෙන ගැනිල්ල. එතකොට පච්චය සූත්‍රයේදී බුදුරජාණන් වහන්සේ දේශනා කරනවා ශ්‍රාවකයාට ජරාමරණ පිළිබඳ ඤාණයක් තියෙනවා. **ජරාමරණේ ඤාණං.** බුද්ධ දේශනා වල ජරාවට පත්වෙනවා කියන එක බුදුරජාණන් වහන්සේ විස්තර කරලා තියෙනවා. "**යා තේසං තේසං සත්තානං තම්හි තම්හි සත්තනිකායේ ජරා ජීරණතා ඛණ්ඩිච්චං පාලිච්චං වලිත්තචතා....**" ආදී වශයෙන් තියෙනවා.

ජරාමරණ විග්‍රහය....

ජරාවට පත්වෙනවා කියන්නේ වයසට යනවා. නාකි වෙනවා. ඇඟපත රැළිවැටෙනවා. ඇස් පේන්නෙ නැතුව යනවා. කන් ඇහෙන්නෙ නැතුව යනවා. ගඳ සුවඳ දැනෙන්නෙ නැතුව යනවා. දත් හැලෙනවා. අතපය වාරු නැතුව යනවා. මේක තමයි ජරාව. උන්වහන්සේ

මරණය ගැනත් විස්තර කරනවා. ඒ ඒ සත්වයන්ගේ ඒ ඒ සත්ව ලෝක වලින් චුති චුත වීම. **චවනතා** චුත වෙන ස්වභාවය. **භේදෝ** බිඳීයාම. **අන්තරධානං** අතුරුදහන් වීම. **මච්චු මරණං** මරණයට පත්වීම. **කාලකිරියා** කලුරිය කිරීම. **ඛන්ධානං භේදෝ** පංච උපාදානස්කන්ධය බිඳීයාම. **ජීවිතින්ද්‍රියස්සුපච්ඡේදෝ** ජීවිත ඉන්ද්‍රිය නැතිවී යාම. එහෙනම් පැහැදිලිවම මේ මරණය කියලා කියන්නේ අපි මැරෙන එකමයි.

පුද්ගලික මතවාද පටලවගන්න එපා....

සමහරු මේක දන්නෙ නැතුව 'අපි හැම තිස්සෙම මැරි මැරී යනවා.... ඕක තමයි මේ කියන්නේ....' කියලා තමන්ගේ අදහස් කියන්න පුළුවන්. ඒක එයාගේ පුද්ගලික එකක්. ඒක එයා බුදු වෙලා කියන එකක් නෙමෙයිනේ. බුදුරජාණන් වහන්සේ එහෙම නෙමෙයි. සම්මා සම්බුද්ධත්වයට පත්වෙලා බුදු කෙනෙක් හැටියටයි දේශනා කරන්නේ. මේ ජරාමරණ ගැන ඤාණය නැති නිසා තමයි 'ජරාමරණ කියන්නේ ඕක නෙමෙයි.... මෙහෙම ක්ෂණිකව ඇතිවෙන්නේ.... ක්ෂණිකව මරණයට පත්වෙන්නේ....' කියලා මොකාක් හරි ඔය තොවිලයක් හදාගෙන ඒකට පැටලෙනවා. පැටලිලා තමන්ට තේරුනා වගේ කියාගෙන යනවා. ඒක ඤාණයක් නෙමෙයි.

ඤාණය කියන්නේ මරණය කියන්නේ මොකක්ද කියලා හරියට තේරුම් ගැනිල්ල. ජරාව කියන්නේ මොකක්ද කියලා හරියට තේරුම් ගැනිල්ල. ජරාව හරියට තේරුම් ගත්තා නම්, මරණය හරියට තේරුම් ගත්තා නම් ඊටපස්සේ ඊළඟ ඤාණය ඇතිවෙනවා. ඒ තමයි ජරාමරණ හටගන්න හේතුව, ඉපදීම නිසයි මේ ජරාමරණයන්ට

ගොදුරු වන්නේ කියලා. මේ ලෝකයේ උපන් සත්වයා නානාප්‍රකාර විදිහට මැරෙනවා. මේ ලෝකයේ තියෙනවා නම් යම්තාක් ලෙඩදුක්, මේවා හැදෙන්නේ උපන්න කෙනාට. මරණයට පත්වෙන යම්තාක් ක්‍රම ඇද්ද, ඒවාට මුහුණ දෙන්න සිද්ධ වෙන්නේ උපන් සත්වයාට.

මිනිස්සු නොයෙක් විදිහට මැරෙනවා....

ඔබ දකින්න ඇති සිරියාවේ අර ත්‍රස්තවාදීන් මිනිස්සුන්ව බෙල්ල කපලා මරනවා. ගිනි තියලා මරනවා. වතුරේ බස්සලා මරනවා. අපේ රටෙත් තිස් අවුරුදු යුද්දෙදි ඔබ දකින්න ඇති බෝම්බ ගහලා මරනවා. ගෙවල් වලට පැනලා පොරවෙන් කොටලා මරනවා. මට මතකයි කොටි වාන්ඇල එක ගෙදරක ගෑණු ළමයෙක් මරලා තිබුනා ඒ ගෑණු ළමයගෙ මුත්‍රා මාර්ගයෙන් කොසු මිටක් යවලා කටින් මතුවෙන්න. දැන් ඔය අයිසිස් අය මරණ විදිහට කෲර විදිහට තමයි එල්ටීටීඊයේ අයත් මැරුවේ.

ඊට අමතරව මිනිස්සු නොයේක් ආකාරයට මේ පාරේ ඇක්සිඩන්ට් වෙලා මැරෙනවා. කෝච්චියට හැප්පිලා මැරෙනවා. ඔබට මතක ඇති මේ යාන්ගල්මෝදර හන්දියෙම බස් එකක් කෝච්චියට හැප්පිලා මිනිස්සු ගොඩාක් මැරුනා. මේ විදිහට නොයෙක් ආකාරයට මැරෙන්නේ උපන්න නිසා කියන එක තේරුම් ගත්තේ නැත්නම් එයාට උපත කෙරෙහි කලකිරීම ඇතිවෙන්නෙ නෑ.

මේ විදිහේ මරණයක් නම් අපට එපා....

ඒ වගේ මරණයක් දැක්කහම අවබෝධය නැති එක්කෙනා හිතන්නේ 'අනේ අපට නම් මේ වගේ මරණයක් දකින්න ලැබෙන්න එපා.... මේ විදිහේ මරණයක් නම්

අපිට එපා....' කියලයි. ඒ කියන්නේ හොඳට බටර් පාන් කාලා, සනීපෙට හාන්සි වෙලා, ෆෑන් එක දාගෙන මැරෙන එක හොඳයි කියනවා. නමුත් මරණය කියන එක කොයි විදිහට එනවාද කියලා අපි කිසි කෙනෙකුට කියන්න බෑ. සමහරු ජරාවට පත්වුනාට පස්සේ නැගිටගන්න බෑ. ඇඳේම ඉන්නවා. කවුරුත් නෑ මෙයාව අස්පස් කරන්න. ඇඳේම චූ දාගෙන කක්කා දාගෙන, මුත්‍රා වලට සැරට සම්පූර්ණයෙන්ම පිට කුණු වෙලා. එහෙම වෙන අය ඉන්නවා.

ඉපදුන නිසානේ මේ ඔක්කොම....

මං දන්න එක හාමුදුරු කෙනෙක් හිටියා. උන්වහන්සේව බලන්න කුටියට යන්න බෑ. කුටියට යන්න හදනකොට එළියට ගඳ එනවා. යන්තම් කෙඳිරි ගගා කතා කරනවා. කට ඇරගෙන පඩික්කමට අල්ලගෙන ඉන්දෙද්දි සිලි සිලි ගාලා පණුවෝ වැටෙනවා. ඒ වගේ එකක් දකිනකොටම කෙනෙක් හිතන්නේ 'අනේ මෙහෙම එකක් නම් එපා...' කියලා මිසක් 'ඉපදීම නිසානේ මෙහෙම වෙන්නේ....' කියලා කල්පනා කරන්නේ නෑ. ඉපදීම නිසා වෙන්නේ කියලා කල්පනා කරන්නේ නැත්නම් එයාට ජරාමරණ වලට හේතුව පිළිබඳ ඤාණය නෑ.

දන්න කෙනාටයි දකින කෙනාටයි මේ ධර්මය....

තව කෙනෙක් අමානුෂික විදිහට මැරෙනකොට 'අනේ මෙහෙම මරණයක් නම් අපට දකින්න ලැබෙන්න එපා.... සතුරෙකුටවත් මෙහෙම මරණයක් නම් වෙන්න එපා....' කිය කිය අපි කියනවා මිසක් කිසි දවසක ඤාණය

උපදින්නෙ නෑ. ඤාණයක් උපදින්නේ නැතුව වැටහීමක් ඇතිවෙන්නෙ නෑ. බුදුරජාණන් වහන්සේ පෙන්වා දෙනවා "**ජානතෝ අහං භික්ඛවේ පස්සතෝ ආසවානං ඛයං වදාමි**" "මහණෙනි, මම දන්න කෙනාට දකින කෙනාට තමයි මේ කෙලෙසුන්ගේ නැසීම ගැන කියන්නේ" කියනවා. මොකාක්වත් දන්නෙ නැති, දකින්නෙ නැති, තේරෙන්නෙ නැති, වැටහෙන්නෙ නැති, ඔලමොට්ටල මනුස්සයෙකුට මේක කිව්වට තේරෙන්නෙ නෑ.

සෝක වැලපීම්, දුක් දොම්නස්, සුසුම් හෙළීම්....

ඒ නිසා ලෝකයේ හැම කෙනෙක්ම ජරාජීර්ණත්වයට පත්වෙද්දි, හැම කෙනෙක්ම මරණයට පත්වෙද්දි අපි අවබෝධ කරගන්න ඕනේ 'ඉපදීම නිසාමයි මේ දුක් විඳින්නේ.... ඉපදීම නිසාමයි මේ ජරාමරණ' කියලා. ජරාමරණ කියලා ඒ කොටස අපි කෙටියෙන් කිව්වට ජරාමරණ විතරක් නෙමෙයි එතන තියෙන්නේ. සෝකයත් තියෙනවා. බුදුරජාණන් වහන්සේ දේශනා කරනවා **අඤ්ඤතරඤ්ඤතරේන** **ව්‍යසනේන සමන්නාගතස්ස** නොයෙක් ආකාරයෙන් සිද්ධ වන්නා වූ ව්‍යසනයන්ට බඳුන් වීමෙන් සෝකයට පත්වෙනවා.

ජරාමරණ වගේම නොයේක් ආකාරයට මනුස්සයන් සෝකයට පත්වෙනවා. වැළපෙනවා. කායික දුක් වලට භාජනය වෙනවා. මානසික දුක් වලට භාජනය වෙනවා. ඊළඟට ප්‍රියයන්ගෙන් වෙන් වීමේ දුක. ප්‍රියයන්ගෙන් වෙන්වීමේ දුක කියන්නේ සමහර අයට දරුවෝ නැති වෙලා විඳින දුක. ස්වාමියා නැතිවෙලා විඳින දුක. බිරිඳ නැති වෙලා විඳින දුක. පසුගිය දවස්

වල සිරියාවේ මනුස්සයෙක් තමන්ගේ ළමයි හත් දෙනයි බිරිඳයි එක්ක බෝට්ටුවක නැගලා රටින් පැනලා යද්දි බෝට්ටුව පෙරලුනා. එයා යන්තම් මහත්තයා පණ බේරන් ගොඩට ආවා. ළමයි හත් දෙනයි බිරිඳයි මුහුදේ ගිලුනා.

විඳින දුක මෙතෙකැයි කියා කිව නොහැකියි....

ඔය විදිහට උපන් සත්වයා ප්‍රියයන්ගෙන් වෙන්වීම නිසා විඳින දුක් මෙතෙකැයි කියලා කියන්න බෑ. අප්‍රියයන් හා එක්වීම නිසා විඳින දුකත් මෙතෙකැයි කියලා කියන්න බෑ. මේ වගේ නානාප්‍රකාර විදිහට උපන්න සත්වයා දුකට බඳුන් වෙනවා. මේක දන්නෙ නැති එක්කෙනා ප්‍රාර්ථනා කරනවා 'අනේ අපට මේ දුක ලැබෙන්න එපා. අනේ අපට මේ පීඩාව ලැබෙන්න එපා. අනේ අපට මේ අසහනය ලැබෙන්න එපා. අනේ මට මේ සෝකය නැත්නම් කොයිතරම් හොඳද....' කියලා. නමුත් මේක ඉපදීම නිසා සියලු සත්වයාට මූණ දෙන්න තියෙන එකක් කියලා තේරුම් ගන්න පුළුවන් වුනොත් ඒ නුවණට කියනවා **ජරාමරණ සමුදයේ ඤාණං** කියලා.

දැන් අපි කර්ම විපාක ගැනත් දන්න නිසා අහලා තියෙන නිසා ගොඩක් අය ජරාමරණ දුකට හේතුව හැටියට සලකන්නේ ඉපදීම නෙමෙයි. කර්මය. එතකොට ආයෙත් වැහෙනවා අර ඤාණය. ඇයි 'එයාට කර්මය, අපිට කර්මය නෑ. එයා දුක් විඳින්නේ එයාගේ කරුමෙට. අපි බේරිලා ඉන්නේ අපිට ඒ කරුමය නැති නිසා' කියලා. නමුත් අපි දන්නවද එයාට වෙච්ච දේට වඩා කරදරයකට අපි භාජනය වෙයිද කියලා. සුනාමි ආපු වෙලාවෙත්

මැරිච්ච අය දිහා බලලා මිනිස්සු කිව්වා ඒගොල්ලන්ගේ කරුමේ කියලා. බස් එක කෝච්චියේ හැප්පිලා මිනිස්සු මැරුනා. වටේ ඉන්න උදවිය කිව්වා ඒගොල්ලන්ගේ කරුමේ කියලා. ඒ විදිහට කරුමෙට දානතාක් කල් උත්තරේ නෑ.

මූලිකම හේතුව අවබෝධ කරගන්න ඕනෙ....

බුද්ධ දේශනාවේ තියෙනවා ආර්ය සත්‍යය අවබෝධ කරන්න කැමති කෙනා මේ ජරාමරණ වල මූලිකම හේතුව අවබෝධ කරගන්න ඕනෙ. කර්මයේ බලපෑමක් තියෙනවා හැම දේකටම. ඉපදීමටත් කර්මයේ බලපෑම තියෙනවා. මරණයටත් කර්මයේ බලපෑම තියෙනවා. අපි මේ ජීවත් වෙලා ඉන්න කාලය තුළ මුහුණ දෙන සමහර අත්දැකීම් වලට කර්මයේ බලපෑම තියෙනවා. නමුත් ඒ කර්මයේ බලපෑම ඇතිවෙන්න හේතු වුනේ අපි උපන්න නිසයි. ඒ මූලිකම අදහස ගත්තෙ නැත්නම් අපිට අර්ථය අහුවෙන්නෙ නෑ.

ඉපදීම තමයි ජරාමරණයට මූලික කාරණය කියලා අපි තේරුම් ගන්න ඕනෙ. බුදුරජාණන් වහන්සේ ඉපදීම කියන එක විස්තර කරලා තියෙනවා. **ජාති, සඤ්ජාති, ඔක්කන්ති, අභිනිබ්බත්ති, ඛන්ධානං පාතුභාවෝ, ආයතනානං පටිලාභෝ.** ඇස, කන, නාසය, දිව, කය, මනස යන ආයතන ප්‍රතිලාභයක් යම් තැනක වෙනවාද, පඤ්ච උපාදානස්කන්ධයක් යම් තැනක ලැබෙනවාද, ඒක තමයි උපත. ඒක තමයි මේ ජරාමරණයන්ගේ මූලික හේතුව. සතෙක් වෙලා උපන්නත් ඒ සතාත් ජරාවට

පත්වෙනවා. නොයෙක් රෝගපීඩා වලට පත්වෙනවා. නොයෙක් ආකාරයට මැරෙනවා. එක්කෝ වෙන කෙනෙකුගේ අතින් මරණයට පත්වෙනවා. ඒ ඔක්කොම වෙන්නේ ඉපදීම නිසා.

කොයි විදිහට උපන්නත් දුකට මූණ දෙන්න සිද්ධ වෙනවා....

උපදිනවා ආකාර හතරකින්. බිත්තර අස්සෙන් ඉපදිලා දුකට මූණ දෙනවා. මව් කුසෙන් ඉපදිලා දුකට මූණ දෙනවා. තෙත් පරිසරයෙන් ඉපදිලා ඒ දුකට මූණ දෙනවා. අපි දවසක් එළිමහනේ සබන් ගාලා නානකොට මම දැක්කා චූටි පණුවෝ පොළවෙන් උඩට ඇවිල්ලා මහා වේදනාවකින් දඟලනවා. ඉස්සර වගේ නෙමෙයි දැන් සබන් විසයි. ඉස්සර පොඩි කාලේ අපිට මතකයි අපේ දෙමව්පියෝ පොල් මුඩ්ඩ දාලා අළුවලින් තමයි වළං අතුල්ලලා හෝදන්නේ. ලොකු හානියක් ඉස්සර සත්තුන්ටත් නෑ. දැන් අපි එක එක කෙමිකල් වර්ග භාවිතා කරනවනෙ. ඒවා දාලා හෝදපු ගමන් අර සත්තු ඔක්කොම මහා පීඩාවකට පත්වෙනවා. අපි පිරිසිදු වෙන්න කියලා එක එක සබන් ජාති ගානවා. එක එක කෙමිකල් වර්ග දාලා හෝදනවා. එතකොට ඒ සංසේදජ සත්වයෝ නොයේක් ආකාරයෙන් දුකට පත්වෙනවා.

තහඩු පෙරේතයෙක්....

ඕපපාතිකව උපදින සත්වයොත් නොයේක් ආකාරයෙන් දුකට මූණ දෙනවා. පැරණි සිංහල බණ කතා කියන පොතේ එක සිදුවීමක් තියෙනවා. දීඝවාපි චෛත්‍යයට පළන්දපු ලොකු කොඩියක් (පතාකයක්)

හුළගේ ගහගෙන ගිහිල්ලා ඈත කුඹුරක වැටුනා. ඒකේ සටහන් කරලා තිබිලා තියෙනවා බුදුරජාණන් වහන්සේට පූජා වේවා කියලා. මේ කුඹුරු අයිතිකාරයා බොහොම ධනය තියෙන මනුස්සයෙක්. මේ මනුස්සයා උදේ කුඹුරේ ඇවිදගෙන යද්දි මේක දැකලා දිග ඇරලා බැලුවා. බැලුවහම දීඝවාපි චෛත්‍යයට පූජා කරපු කොඩියක්. 'මේක ඉතින් දැන් මෙහෙටනේ ගහගෙන ආවේ, ඕක මොකක්ද' කියලා මෙයා ඒක පොරවගෙන ගිහිල්ලා පාවිච්චිත් කළා.

එයා මරණින් මත්තේ ප්‍රේතයෙක් වෙලා උපන්නා. හීනි තහඩු දාහකින් මුළු ඇඟම වැහිලා. තහඩු පෙරේතයෙක්. දවසක් භික්ෂූන් වහන්සේ නමක් පිඬුසිඟා වඩිද්දි මෙයාව දැක්කා. දැකලා 'කවුද මේ?' කියලා ඇහුවා. 'අනේ ස්වාමීනී, මං පෙරේතයෙක්. මං මේ බොහොම දුකට පත්වෙලා ඉන්නේ' කිව්වා. 'මොකක්ද වුන වැරැද්ද...?' කියලා ඇහුවා. 'අනේ මම ධනය තිබ්ච්ච කෙනෙක්. හොඳට කුඹුරු වතුපිටි තිබ්ච්ච කෙනෙක්. අපේ කුඹුරට හුළඟෙන් ගහගෙන ආවා දීඝවාපියට පූජා කරපු පතාකයක්. ඒකේ බුදුරජුන්ට පූජා වේවා කියලා සටහනක් තිබුනා. ඒක දැකලා මං ඒක ගණන් ගන්නේ නැතුව පොරවගෙන හිටියා. ඒකේ විපාක තමයි මේ...' කියලා කිව්වා.

තහඩුවෙන් අඟල් අටක් අයින් වුනා....

'ඉතින් මොකක්ද මේකෙන් බේරෙන්න කරන්න තියෙන්නේ....?' කියලා ඇහුවා. 'බේරෙන්න නම් දීඝවාපියට කොඩි දාහක් පූජා කරන්න ඕනෙ' කිව්වා. 'මං කොහොම හරි එහෙනම් බලන්නම්' කියලා ඒ

ස්වාමීන් වහන්සේ එදාම කොඩි පනහක් හොයාගත්තා. හොයාගෙන ගිහිල්ලා දීඝවාපි මහාසෑයට පූජා කළා. එදා රෑ පෙනී හිටලා 'අනේ ස්වාමීනී, තහඩුවෙන් අඟල් අටක් අයින් වුනා' කිව්වා. ඊට පහුවදා ආයෙත් කොඩි පනහක් පූජා කළා. 'අනේ ස්වාමීනී, තහඩුවෙන් තව අඟල් අටක් අයින් වුනා' කිව්වා. මේ විදිහට කොඩි දාහ පූජා කරපු දවසේ තහඩුව ගැලවිලා ගියා.

බලන්න මේ ඉපදීමයි කර්මයයි අතර තියෙන බරපතල සම්බන්ධය. කර්ම විපාකයෙන් තොරව ඉපදීමක් ගැන බලාපොරොත්තු වෙන්න බෑ. සමහරු හිතන් ඉන්නවා පව් කරලා, දෙමව්පියන්ට හිංසා පීඩා කරලා ගරහලා, ගුරුවරුන්ට ගරහලා කර්ම විපාකයෙන් බේරෙන්න. එහෙම වෙන්නෙ නෑ. ඒවා වෙලාවට එනවා. දේශනාවේ තියෙනවනෙ "**න හි පාපං කතං කම්මං සජ්ජු ඛීරං'ව මුච්චති**" කිරි මිදෙනවා වගේ ඉක්මනින් කළ පාපය විපාක දෙන්නේ නෑ. "**ඩහන්තං බාලමන්වේති භස්මච්ඡන්නෝව පාවකෝ**" අළු යට තියෙන ගිනි පුපුරු වගේ තිබිලා වෙලාවට විපාක දෙනවා කියනවා.

බ්‍රාහ්මණය, ඉවසන්න....

දැන් අපි ගත්තොත් අංගුලිමාල මහරහතන් වහන්සේ පිඬුසිඟා වඩිද්දි ගස්වලට මිනිස්සු ගලක් ගහනකොට, පොල්ලක් ගහනකොට ඒක කැරකිලා ඇවිල්ලා උන්වහන්සේගේ ඔලුවට වදිනවා. උන්වහන්සේගේ පාත්තරේට වදිනවා. උන්වහන්සේගේ සිවුරු ඉරෙනවා. ඉතින් ලේ වැකුණු හිස ඇතිව, බිඳුණු පාත්‍රා ඇතුව, ඉරුණු සිවුරු ඇතිව බුදුරජාණන් වහන්සේ ළඟට වඩිනවා. උන්වහන්සේ වදාරනවා "බ්‍රාහ්මණය,

ඉවසන්න. බොහෝ කලක් නිරයේ විඳවන්න තිබිච්ච දේ දැන් ඔබට නෑ කිව්වා. බොහෝ කලක් නැවත නැවත ඉපිද ඉපිද විඳින්න තිබිච්ච දේ ඔබට නෑ. ඔබට මේ හැම කරදරයක්ම තියෙන්නේ මේ ආත්මේ ඔය ශරීරය තියෙනකම් විතරයි" කිව්වා.

උපතින් නිදහස් වෙච්ච දවසටයි මේ දුක නැතිවෙන්නේ....

ඒ මොකද හේතුව? උපතට හේතුවන කාරණාව ප්‍රහාණය වෙච්ච නිසා. එතකොට කෙනෙකුට තියෙන්න ඕනෙ මේ ලෝකයේ මිනිස්සු ජරාවට පත්වෙනවා දැක්කහම, මැරෙනවා දැක්කහම මේකට තමයි ජරාමරණ කියන්නේ කියලා අවබෝධයක්. ඒකට කියනවා **ජරාමරණේ ඤාණං** කියලා. ඊළඟට **ජරාමරණ සමුදයේ ඤාණං.** මේ දුක හටගන්නේ ඉපදීම නිසා කියලා අවබෝධයක් තියෙන්න ඕනෙ. ඊළඟට **ජරාමරණ නිරෝධේ ඤාණං.** දුක හටගන්නේ ඉපදීම නිසා නම්, දුක නිරුද්ධ වෙන්නේ ඉපදීම නැතිවෙච්ච දවසට කියලා අවබෝධයක් තියෙන්න ඕනෙ.

උපතින් නිදහස් වෙච්ච දවසටයි මේ දුක නැතිවෙන්නේ කියන ඤාණය කෙනෙකුට නැත්නම් එයා පටිච්ච සමුප්පාදය දන්නෙ නෑ. සාමාන්‍යයෙන් අපි අවිජ්ජා පච්චයා සංඛාරා ඔය ටික ඉගෙන ගත්තු ගමන් 'හා.... මටත් දැන් පටිච්ච සමුප්පාදය පුලුවනි. දැන් මාත් පටිච්ච සමුප්පාදය දන්නවා....' කියලනෙ හිතාගෙන ඉන්නේ. පටිච්ච සමුප්පාදය එහෙම ලේසියෙන් පහසුවෙන් වටහා ගන්න පුළුවන් එකක් නෙමෙයි. ඒක බොහෝ වෙහෙස මහන්සියෙන් නුවණ මෙහෙයවලා තේරුම් ගන්න උවමනා එකක්.

මට නම් හරි සරලව වැටහෙනවා....

ආනන්ද හාමුදුරුවෝ දවසක් බුදුරජාණන් වහන්සේ ළඟට ඇවිල්ලා කිව්වනෙ 'අනේ ස්වාමීනී, මට හිතෙන හැටියට මේ පටිච්ච සමුප්පාදය තේරුම් ගන්න බොහොම ලේසියි' කිව්වා. බුදුරජාණන් වහන්සේ 'හා... හා... ආනන්දය එහෙම කියන්න එපා. මේ පටිච්ච සමුප්පාදය අවබෝධ කරගන්න බැරි නිසාමයි මේ සත්වයා කෙළවරක් නැතුව මේ සසරට ම පැටලි පැටලී යන්නේ' කිව්වා. ඒ නිසා ඉපදීමෙන් නිදහස් වෙච්ච දවසට මේ දුකෙන් නිදහස් කියන අර්ථය තේරිලා තියෙන්න ඕනෙ.

දැන් අඩු වයසින් මැරෙන අය ගැන මිනිස්සු පතනවා 'මෙයා උපනුපන් ආත්මයක් පාසා අඩු වයසින් මැරෙන්න එපා!' කියලා. නොයෙක් කරදර වලට බඳුන් වෙලා මැරෙන අයට ප්‍රාර්ථනා කරනවා 'අනේ මෙයාට නැවත උපදින ආත්මයක් පාසා මේ වගේ කරදර වලට බඳුන් වෙන්න එපා!' කියලා. ඒක අවිද්‍යාව නෙමෙයිද? අවිද්‍යාවමයි. වටහා නොගැනීමමයි. අනවබෝධයමයි. එතකොට එයාට ජරාමරණ ගැනත් ඤාණයක් තියෙන්න ඕනෙ. ජරාමරණ හටගන්නේ කුමක් නිසාද කියලා ඤාණයක් තියෙන්න ඕනෙ. ජරාමරණ නැතිවෙන්නේ කුමක් නැතිවීමෙන්ද කියලා ඤාණයක් තියෙන්න ඕනෙ. ජරාමරණ නැතිවන්නා වූ ප්‍රතිපදාව ගැනත් ඤාණයක් තියෙන්න ඕනෙ.

ආර්ය අෂ්ටාංගික මාර්ගයෙන් තොරව විසඳුමක් නෑ....

ජරාමරණ නැති වන්නා වූ ප්‍රතිපදාව ආර්ය අෂ්ටාංගික මාර්ගයයි. ආර්ය අෂ්ටාංගික මාර්ගයෙන්

තොරව මේ ලෝකෙ කිසි දෙවි කෙනෙකුට විසඳුමක් නෑ. කිසි මනුස්සයෙකුට විසඳුමක් නෑ. ලෝකෙ කිසි කෙනෙකුට ආර්ය අෂ්ටාංගික මාර්ගයෙන් තොරව මේ ලෝකය මූණ දෙන බිහිසුණු අත්දැකීම් වලින් බේරෙන්න අවස්ථාවක් නෑ. සමහර අවස්ථාවල් තියෙනවා පින්වත්නි, ආර්ය අෂ්ටාංගික මාර්ගය අනුගමනය නොකිරීම නිසා, කර්ම විපාක වලට මූණ දෙන්න සිදුවීම නිසාම එකම විදිහට මැරෙනවා ආත්මභාව හාරපන්සීය.

මං ඔබට කලින් වතාවකුත් කිව්වා එක මනුස්සයෙක් පාටියකට එළුවෙක් කපලා එයා ආත්මභාව පන්සීයක්ම බෙලි කැපුම් කාලා මැරුනේ. එහෙනම් කර්ම විපාකයට මූණ දිදී ඉඳලා මේක ගෙවෙනවා කියලා එකක් නෑ. ඇයි හේතුව? එක කර්මයක් විපාක දෙද්දි එයා තව කර්ම රාශියක් රැස්කරලා. මේකේ ඉවරයක් නෑ. ඉවරයක් වෙන්න පටන් ගන්නේ ආර්ය අෂ්ටාංගික මාර්ගය පුරුදු කරන්න පටන් ගත්තු දවසේ ඉඳලයි. ආර්ය අෂ්ටාංගික මාර්ගය කියන්නේ සම්මා දිට්ඨි, සම්මා සංකප්ප, සම්මා වාචා, සම්මා කම්මන්ත, සම්මා ආජීව, සම්මා වායාම, සම්මා සති, සම්මා සමාධි.

සීල, සමාධි, ප්‍රඥා....

මේ ආර්ය අෂ්ටාංගික මාර්ගය ස්කන්ධ තුනකට අයිතියි. ඒ තමයි සීලස්කන්ධය, සමාධිස්කන්ධය, ප්‍රඥාස්කන්ධය. සම්මා දිට්ඨි, සම්මා සංකල්ප කියන දෙක අයිති ප්‍රඥාස්කන්ධයට. සම්මා වාචා, සම්මා කම්මන්ත, සම්මා ආජීව කියන අංග තුන අයිති සීලස්කන්ධයට. සම්මා වායාම, සම්මා සති, සම්මා සමාධි කියන අංග තුන අයිති සමාධිස්කන්ධයට. එතකොට බැලූ බැල්මට

පේන්නෙ ප්‍රඥා, සීල, සමාධි වගේ වුනාට මේ මාර්ගය වැඩෙන්නේ ප්‍රඥා, සීල, සමාධි හැටියට නෙමෙයි. සීල, සමාධි, ප්‍රඥා හැටියටයි.

ආර්ය අෂ්ටාංගික මාර්ගයේ පළවෙනි අංගය හැටියට සම්මා දිට්ඨිය තියෙන්නේ ආර්ය අෂ්ටාංගික මාර්ගයට ප්‍රවේශ වෙන්නේ සම්මා දිට්ඨියෙන් නිසා. ආර්ය අෂ්ටාංගික මාර්ගයට කෙනෙක් යන්නේ සම්මා දිට්ඨියෙන් මිසක් සීලයෙන් නෙමෙයි. සම්මා දිට්ඨිය තිබුනොත් විතරයි එයා සීලය නිවැරදිව අඳුරගන්නේ. නැත්නම් සීලබ්බත පරාමාස වලට යනවා. සම්මා දිට්ඨිය තිබුනොත් විතරයි සමාධියත් නිවැරදිව අඳුරගන්නේ. සම්මා දිට්ඨිය නැත්නම් එයා සමාධිය තමයි හරය හැටියට ගන්නේ. සමාධිය කියන්නේ හිතේ යම් කුසලතාවයක් මිසක් දියුණුවක් නෙමෙයි. දියුණුව තියෙන්නේ ප්‍රඥාවෙන්මයි.

නෙක්ඛම්මය නියම විදිහට එන්නේ ප්‍රඥාවෙන්මයි....

සමාධිය කියන්නේ ලෝකෝත්තර දියුණුවකට උදව් වෙන එකක් මිසක් ලෝකෝත්තර දියුණුව නෙමෙයි. ලෝකෝත්තර දියුණුව පටන් ගන්නේ ප්‍රඥාවෙන්මයි. කෙනෙක් සමාධියක් විතරක් තියාගෙන තමන් දියුණුයි කියලා හිතාගෙන ඉන්න පුළුවන්. එහෙනම් සම්මා සංකල්පයත් සමාධිස්කන්ධයට අයිති වෙන්න එපැයි. නෙක්ඛම්ම සංකල්පය අයිති සම්මා සංකල්පයට. නෙක්ඛම්මය නියම විදිහට එන්නේ ප්‍රඥාවෙන්මයි. දැන් බලන්න අනුරාධපුර යුගයේ එක ගුරු හාමුදුරු කෙනෙක් ගෝල නමත් එක්ක රුවන්වැලි සෑය වඳින්න ගියා. ඒ ගුරු ස්වාමීන් වහන්සේ රහතන් වහන්සේ නමක්.

උන්වහන්සේ මහාසෑය වඳිද්දි පොඩි නම ඇහුවා 'ස්වාමීනී, මල් පූජා කරන්න තිබුනොත් හොඳයි නේද...?' කියලා. හොඳයි කිව්වා. පොඩිනම එවෙලෙම පෙරහන්කඩය අරගෙන ගිහිල්ලා මල් අරගෙන ආවා. මේ ලංකාවේ දකින්න නැති මල්. හිමාලෙන් අරන් ආවා. 'පොඩිනම.... මල් ටිකයි නේද....?' කියලා ඇහුවා. 'නෑ ස්වාමීනී, මේ ටික පූජා කරගෙන යන්න' කිව්වා. ඉතින් පේසා වළලු වල පූජා කරගෙන යනවා යනවා මල් ඉවර වෙන්නෙ නෑ. 'පොඩිනම.... මල් ඉවර වෙන්නෙ නෑනේ' කිව්වා. 'ස්වාමීනී, ඔය පෙරහන්කඩය අනිත් පැත්තට හරවලා ගසන්න' කිව්වා. එතකොට මල් ඔක්කොම හැලුනා.

අනාගතයේ විසාල කරදරයකට පත්වෙනවා....

ඉතින් ඒ ගුරු හාමුදුරුවෝ දැනගත්තා මේ පොඩිනම හිමාලෙට ගිහිල්ලා ආවේ ඉර්ධි බලයෙන්. ගුරු හාමුදුරුවෝ බැලුවා මෙයා මේකෙන් කරදරයකට පත්වෙයිද කියලා. බැලුවහම අනාගතයේ විසාල කරදරයකට පත්වෙන්න තියෙනවා. ඊට පස්සේ කිව්වා 'පොඩිනම, සමාධිය ඇතිවුනා කියලා හිතට ගන්න එපා. නිකෙලෙස් වෙන්නම මහන්සි ගන්න. (ඇයි නිකෙලෙස් වීම ප්‍රඥාවෙන් නෙ වෙන්නේ) නැත්නම් සිවුරුත් ඇරලා නූල් කටින ගෙදරක වැඩ කර කර, ඇහැක් පේන්නෙ නැති ගෑණු එක්කෙනෙක් දෙන කැඳ ටික බීලා ඉන්න වෙයි' කිව්වා. ඇහුවේ නෑ.

දවසක් ඒ පොඩිනම අහසින් යද්දි පේෂකාර කුලයේ ගෑණු ළමයෙක් කැලේ මැද්දේ ගීතයක් ගායනා

කර කර දර කඩනවා. ඒක ඇහිලා ධ්‍යානය පිරිහුනා. පිරිහිලා පහළට පාත් වුනා. සිවුරු ඇරියා බැන්දා කරදරයට පත්වුනා. එහෙම වුනේ නෙක්ඛම්ම සංකල්පය වැඩිලා නැති නිසයි. නෙක්ඛම්ම සංකල්පය වැඩෙන්නේ ප්‍රඥාවෙන්මයි. දැක්කනේ එතකොට ඉර්ධි ප්‍රාතිහාර්යය පැවත් නෙක්ඛම්මය නෑ. සමාධිය තියෙන වෙලාවට කාමයෙන් වෙන් වෙලා හිටියට කාම සංකල්පය වැඩ කරන ස්වභාවය හිතේ එහෙමම තියෙනවා. ඒක ප්‍රහාණය වෙන්නේ ප්‍රඥාවෙන්මයි.

සම්මා දිට්ඨිය යනු චතුරාර්ය සත්‍යය පිළිබඳ අවබෝධයයි....

එතකොට සම්මා සංකල්පයට අයිති මොනවද? නෙක්ඛම්ම සංකල්ප, අව්‍යාපාද සංකල්ප. අවිහිංසා සංකල්ප. එහෙනම් තරහා නැතිකමත් හිංසා නැතිකමත් අයිති වෙන්නෙත් ප්‍රඥාවටමයි. සම්මා දිට්ඨිය කියන්නේ චතුරාර්ය සත්‍යය පිළිබඳ අවබෝධය. එහෙනම් සම්මා සංකල්පය සම්පූර්ණයෙන්ම වැඩ කරන්නේ චතුරාර්ය සත්‍යාවබෝධයත් එක්කයි. සම්මා දිට්ඨියත් එක්කයි සම්මා සංකල්පය වැඩ කරන්නේ.

සාමාන්‍ය මනුස්සයා සමාධියක් වඩලා ඒකෙන් එනකොට ශාන්ත භාවයක් ඒකට මත්වෙනවා. එක්කෝ මුළා වෙනවා. 'හා.... දැන් මං හරි' කියලා තමන් තමන් ගැන ලකුණු දාගන්නවා. නමුත් තමන්ට ප්‍රඥාව වැඩිලා නෑ. එයා විශාල කරදරයක වැටෙනවා. පටිච්ච සමුප්පාදය හොඳට බැලුවහම පේනවා එයා ජරාමරණත් දැනගන්න ඕනෙ. ජරාමරණ හටගන්න හේතුවත් දැනගන්න ඕනෙ.

ජරාමරණයන්ගෙන් නිදහස් වෙන්නෙ කොහොමද කියලත් දැනගන්න ඕනෙ. ජරාමරණයන්ගෙන් නිදහස් වෙන මාර්ගයත් දැනගන්න ඕනෙ. එයා පටිච්ච සමුප්පාදය දන්නවා.

පටිච්ච සමුප්පාදය හරියට අහුවුනොත් එයා කුසල් අකුසල් දන්නවා....

නැත්නම් මට මතකයි මං ඒ කාලේ පටිච්ච සමුප්පාදය ඉස්සෙල්ලම කියා දෙනකොට මිනිස්සුත් වාද කරගන්නවා. අරකද සංස්කාර මේකද සංස්කාර මේකද විඤ්ඤාණය කිය කිය. උන්නාන්සෙලත් වාද කරගන්නවා. ඒ ඔක්කොටම ලැබුනෙ හුළං විතරයි. අකුසල් නම් රැස්කරගන්න ඇති. වෙන මුකුත් නෑ. පටිච්ච සමුප්පාදය හරියට ම අහුවුනා නම් එයා ආර්ය අෂ්ටාංගික මාර්ගය දන්නවා. සම්මා දිට්ඨි සූත්‍රයේ සාරිපුත්ත මහරහතන් වහන්සේ දේශනා කරනවා සම්මා දිට්ඨිය පටන් ගන්නේ කොතනින්ද කියලා. **"කුසලඤ්ච පජානාති කුසලමූලඤ්ච. අකුසලඤ්ච පජානාති අකුසලමූලඤ්ච"** කුසලයත් දැනගන්නවා. කුසල් මුලුත් දැනගන්නවා. අකුසලයත් දැනගන්නවා. අකුසල් මුලුත් දැනගන්නවා. මං ඒකයි කිව්වේ හරියට පටිච්ච සමුප්පාදය අහුවුනොත් එයා කුසල් අකුසල් දන්නවා කියලා. එහෙම නැතුව මොනතරම් බිම පෙරලි පෙරලි මේක කිව්වත් ඒකෙන් පිහිටක් ලැබෙන්නේ නෑ.

ඉපදීම ගැනත් අවබෝධ කරගන්න ඕනෙ....

ඊළඟට බුදුරජාණන් වහන්සේගේ ශ්‍රාවකයා ඉපදීම ගැනත් අර කලින් කියපු හතර ආකාරයටම

දැනගන්න ඕනෙ. ඉපදීම පිළිබඳ ඤාණය. ඊළඟට උපදින්න හේතුවුන කරුණ පිළිබඳ ඤාණය. ඊළඟට ඉපදීම නිරුද්ධ වීම ගැන ඤාණය. ඊළඟට ඉපදීම නිරුද්ධ වීමේ මාර්ගය ගැන ඤාණය. අපි දන්නවා බිත්තර අස්සේ සත්වයන් උපදිනවා. මව්කුසේ උපදිනවා. තෙත් පරිසරයේ උපදිනවා. ඕපපාතිකව උපදිනවා. බුදුරජාණන් වහන්සේගේ දේශනා වලින් තමයි අපි මේවා දන්නේ. ඉපදෙන්නේ කොහොමද? භවය නිසා.

එහෙනම් අපි උපදින්නේ චුති චිත්තය නිසා නෙමෙයි. චුති චිත්තයකින් ප්‍රතිසන්ධි චිත්තයකට යන්නේ භවය නිසා. භවය නැත්නම් සිත නිරුද්ධ වෙනවා. උපතක් කරා යන්නෙ නෑ. සාමාන්‍යයෙන් අපි මැරෙනකොට අපේ හිත නිරුද්ධ වෙන්නේ නෑ. අපේ හිත චුතවෙනවා. චුතවෙන්නේ ප්‍රතිසන්ධියකට. ඒ කියන්නේ නැවත උපතක් කරා යන්නයි. භවයෙන් තමයි ඒ උපතකට උවමනා කරන පරිසරය හදන්නේ. භවයක් නැත්නම් උපදින්නෙ නෑ. බුදුරජාණන් වහන්සේ පෙන්වා දීලා තියෙනවා භව තුනක්.

විපාක පිණිස කර්ම සකස්වීම භවයයි....

කාම ධාතුවෙහි විපාක පිණිස කර්ම සකස් වුනා නම් ඒක කාම භවය. රූප ධාතුවෙහි විපාක පිණිස කර්ම සකස් වුනා නම් ඒක රූප භවය. අරූප ධාතුවෙහි විපාක පිණිස කර්ම සකස් වුනා නම් ඒක අරූප භවය. එහෙනම් ඔබ මෙහෙම තේරුම් ගන්න. කාම ධාතුව කියලා එකකුත් තියෙනවා. ඒකේ විපාක පිණිස කර්ම සකස් වුනොත් කාම භවය කියලා එකක් හැදෙනවා. රූප ධාතුව කියලා එකකුත් තියෙනවා. ඒකේ විපාක විඳින්න කර්ම සකස්

වුනොත් රූප භවයක් කියලා එකක් හැදෙනවා. අරූප ධාතුව කියලා එකකුත් තියෙනවා. ඒකේ විපාක පිණිස කර්ම සකස් වුනොත් අරූප භවයක් හැදෙනවා.

එහෙනම් මේ ලෝකයේ අපි දන්නෙ නැති වුනාට කාම භවය කියලා එකක් තියෙනවා. රූප භවය කියලා එකක් තියෙනවා. අරූප භවය කියලා එකක් තියෙනවා. දැන් අපට පේනවා මනුෂ්‍ය ප්‍රජාව, ඊළඟට මේ තිරිසන්ගත සතුන්. මේ ඔක්කෝම හැදිලා තියෙන්නේ කාම ධාතුවේ. හැබැයි තව සත්වයෝ ඉපදිලා ඉන්නවා රූප ධාතුවේ. තව සත්වයෝ ඉපදිලා ඉන්නවා අරූප ධාතුවේ. කාම ධාතුවේ විපාක විඳින්න කර්මය හැදිච්ච නිසා අපි මේ කාම භවය තුළ උපන්නා. අපි තවදුරටත් කර්ම රැස්කරන්නේ කාම ධාතුවේ විපාක විඳින්න නම් කාම භවයම තමයි හැදි හැදී යන්නේ.

හිත ඇතුලෙත් ටීවී එකක්....

දැන් අපි එක එක්කෙනාගේ ජීවිත ගැන ගනිමු. අපේ හිත ඇතුලෙත් ටීවී එකක් තියෙනවනෙ. ඒ ටීවී එකෙන් අපි ඇහෙන් දැකපුවා අපිට නැවත පේනවා. කනින් අහපුවා නැවත ඇහෙනවා. නාසයෙන් ආඝ්‍රාණය කරපුවා දැනෙනවා. දිවෙන් රස විඳපුවා දැනෙනවා. කයෙන් පහස ලබපුවා මෙනෙහි වෙනවා. එතකොට කාලයක් තිස්සේ මේ හිතේ මැවෙන ටීවී එකට පුරුදු වෙලා ඕකෙන් බල බලා ආශ්වාදය විඳ විඳ ඉන්නකොට එයා ඉන්නේ මොන ධාතුවෙද? කාම ධාතුවේ. එයා රැස්කරන කර්ම ඔක්කෝමත් හැදෙන්නේ කාම ධාතුවේ. එයාට විපාක විඳින්න වෙන්නෙත් කාම ධාතුවේ.

නිරය අයිතිත් කාම ධාතුවට. ප්‍රේත ලෝකය අයිතිත් කාම ධාතුවට. අසුර ලෝකය අයිතිත් කාම ධාතුවට. තිරිසන් ලෝකය අයිතිත් කාම ධාතුවට. මනුස්ස ලෝකෙ අයිතිත් කාම ධාතුවට. දිව්‍ය ලෝක හය අයිතිත් කාම ධාතුවට. අපි ඉපදුනේ භවය නිසා කියලා තේරුනේ නැත්නම් එතනම පටිච්ච සමුප්පාදය පැහැදිලි වෙන්නෙ නැතුව යනවා. භවය නිසා නම් ඉපදුනේ අනේ අපට මේක මෙහෙම වේවා මේක මෙහෙම වේවා කියලා හරියන්නෙ නෑ. භවය නිසා නම් ඉපදුනේ මේ ඉපදීම නැතුව යන්නෙ භවය නැතිවීමෙන්.

අනාගාමී කෙනාට සංයෝජන පහක් නෑ....

දැන් අපි කියමු කෙනෙක් මේ ජීවිතයේ සෝවාන් වුනා. සකදාගාමීත් වුනා. අනාගාමීත් වුනා. අනාගාමී වුනහම එයාට සක්කාය දිට්ඨිය නෑ. විචිකිච්ඡාත් නෑ. සීලබ්බත පරාමාසත් නෑ. කාමරාගත් නෑ. පටිඝත් නෑ. අනාගාමී කෙනෙක් මැරුනට පස්සේ එයා අපායේ යන්නේ නෑ. අසුර ලෝකෙට යන්නෙත් නෑ. ප්‍රේත ලෝකෙට යන්නෙත් නෑ. තිරිසන් ලෝකෙට යන්නෙත් නෑ. මනුස්ස ලෝකෙට එන්නෙත් නෑ. චාතුම්මහාරාජිකයට යන්නෙත් නෑ. තව්තිසාවේ යන්නෙත් නෑ. තුසිතෙට යන්නෙත් නෑ.

එහෙනම් එයා කාම ධාතුවේ උපදින්නෙ නෑ. ඇයි ඒ? කාම භවය ප්‍රහීණයි. නමුත් එයාට රූප රාග, අරූප රාග, මාන, උද්ධච්ච, අවිජ්ජා කියන සංයෝජන පහක් ඉතුරු වෙලා තියෙනවා. ඒ නිසා එයාට රූප ධාතුවේ කර්ම රැස්වෙනවා. අරූප ධාතුවේ කර්ම රැස්වෙනවා. ඊට පස්සේ එයා ඊට අනුකූලව ගිහිල්ලා සුද්ධාවාසයක උපදිනවා. දැක්කද හේතුව නැති වුනහම ඵලය හටගන්නෙ නෑ.

ආයෙ ගිලුනොත් බේරිලි බොරු....

ඔන්න සෝවාන් කෙනෙක් ඉන්නවා. සෝවාන් කෙනාට කාම ධාතුව ප්‍රහීණ නෑ. කාම ධාතුව ප්‍රහීණ නැති වුනාට සක්කාය දිට්ඨිය ප්‍රහීණයි. සක්කාය දිට්ඨිය නිසා තමයි සතර අපායට ඇදිලා යන්නේ. දැන් අපි මේ වෙලාවේ සතර අපාය නමැති සාගරයෙන් ගොඩට ඇවිල්ලයි ඉන්නේ. හැබැයි ධර්මය අල්ලගන්න බැරිවුනොත් ආයෙ ගිලෙනවා. ආයෙ ගිලුනොත් සුනේ සුන්. ආයෙ මේකේ ගිලුනොත් බේරිලි බොරු. සක්කාය දිට්ඨිය තියෙන එක්කෙනාට පොඩි දෙයක් ඇති දුගතියේ යන්න.

මොකක් හරි පින් බලයකට අර සාගරයෙන් උඩට ආවා වගේ යාන්තම් අපිට දැන් මනුස්ස ආත්මයක් හම්බ වෙලා තියෙනවා. නමුත් සතර අපායට ඇදගෙන ගියපු හේතු අපි ළඟ තවම තියෙනවා නම්, ඒවා තවම වැඩ කරනවා නම් එහෙනම් ඒ හේතුවක් වැඩ කරන්න ගත්තොත් ඵලය උපදිනවා. එතකොට මොකද වෙන්නේ බැරි වෙලාවත් මෙහෙන් මැරෙනකොට ම නිරයේ උපන්නොත් ආයෙ ගිලුනා. ආයෙ කවදා උඩට මතුවෙයිද කියලා කියන්න බෑ. උඩට මතුවුනා වගේ එකක් තමයි දැන් තියෙන්නේ. සතර අපාය නමැති මහා සාගරයෙන් උඩට මතුවුනා.

වැඩ වරද්දගන්න එපා....

ඔන්න දැන් මනුස්සයෝ වෙලා අපි ඉන්නවා. හැබැයි මේ උඩට මතුවෙච්ච වෙලාවේ අපි ආඩම්බර වෙලා, අහංකාර වෙලා, තැනක් ගන්න හිතාගෙන මොකක්හරි පුහු දේකට මැදිහත් වෙලා අපායගාමී අකුසලයකට හේත්තු

වුනොත් එහෙම නැත්නම් ප්‍රමාදයට පත්වෙලා හිටියොත් ආයෙත් මේ සතර අපාය නමැති මහා සාගරයේ ගිලෙනවා. බුද්ධ වචනයක් බොරු වෙන්න බැනේ.

බුදුරජාණන් වහන්සේ දේශනා කළා නම් මනුස්සයන් අතර ඉපදිච්ච අයගෙන් නියපොත්තට ගත්තු පස් ඩිංගිත්තක් වගේ පිරිසක් දෙවියන් අතර යනවා, ඉතුරු ඔක්කොම අපාගත වෙනවා, සතර අපායේ වැටෙනවා කියලා ඒ බුද්ධ වචනය බොරු වෙන්න බැනේ. ඇයි ඒක බුද්ධ ඤාණයෙන් බලලා දේශනා කරපු එකක්නේ. ඉතින් ඒ නිසා මේ වෙලාවේ පටිච්ච සමුප්පාදය හරියට අල්ලගන්න අපි දක්ෂ වුනොත් මේ ආර්ය අෂ්ටාංගික මාර්ගය හරියට තේරුම් ගන්න දක්ෂ වුනොත් හරි.

භවය නිරුද්ධ වුනොත් පිරිනිවන් පානවා....

එතකොට ඉපදීම ගැන ඤාණයක් තියෙනවා. උපදින්න හේතුවුනේ භවය කියලා ඤාණයක් තියෙනවා. ඉපදෙන්න හේතුවුනේ භවය නම් (දැන් ඔබට අර අනාගාමී ශ්‍රාවකයා ගැන කරපු විස්තරෙන් තේරෙන්න ඇති) භවය නැතිවීමෙන් තමයි ඉපදීම නැතිවෙන්නේ. කාම භවය නැති වෙච්ච නිසයි අනාගාමී එක්කෙනා කාම ලෝකයේ උපදින්නෙ නැත්තේ. ඊට පස්සේ අනාගාමී එක්කෙනා මනුස්ස ලෝකෙදිම රහත් වුනොත් එතකොට එයාට කාම භවයත් නෑ. රූප භවයත් නෑ. අරූප භවයත් නෑ. එතකොට කොහේවත් උපදින්නෙ නෑ. පිරිනිවන් පානවා. එහෙනම් භවය නිරුද්ධ වීමෙන් තමයි ඉපදීම නිරුද්ධ වෙන්නේ.

මම නම් නිවන විතරයි පතන්නේ....

එහෙම නැතුව ඒක ප්‍රාර්ථනාවකින් කරන්න පුළුවන් දෙයක් නෙමෙයි. මං අහලා තියෙනවා සමහර ගිහි අය කියනවා 'අනේ මං නම් නිවන විතරයි පතන්නේ. මට නම් ආයෙ උපදින්න ලැබෙන්න එපා' කියලා. 'මට නම් උපදින්න ලැබෙන්න එපා. මම නිවන විතරයි පතන්නේ' කියලා පත පත ඉඳලා පිරිනිවන් පාපු කෙනෙක් ගැන ඔබ දන්නවද? කවුරුත් නෑ.

'අනේ මට නම් උපදින්න බෑ. මට නම් උපදින්න ඕනෙ නෑ' කියලා කියපු ගමන් කර්ම රැස්වීම නැවතුනා නම්, තෘෂ්ණාව ප්‍රහාණය වුනා නම්, ආර්ය සත්‍යය අවබෝධ වුනා නම් වෙන්න එපැයි. ඒක වෙන්නේ ආර්ය අෂ්ටාංගික මාර්ගය පුරුදු කිරීමෙන්මයි. වෙන කිසිම ක්‍රමයක් නෑ. එහෙනම් භවය නැති වෙච්ච දවසටයි ඉපදීම නැතිවෙන්නේ. ඉපදීම නැතිවෙච්ච දවසටයි ජරාමරණ නැතිවෙන්නේ. භවය නිරුද්ධ වන්නා වූ මාර්ගය ආර්ය අෂ්ටාංගික මාර්ගයයි.

බුද්ධිමත් විදිහට කල්පනා කරන්න....

මුල් කාලේ අපි ධර්ම කරුණු කියද්දි සමහර අම්මලා අපිට කියනවා 'මම නම් ස්වාමීන් වහන්ස, කිසි උපතක් ප්‍රාර්ථනා කරන්නේ නෑ. මට නම් කිසි ඉපදීමක් එපා. මට නම් නිවන් දකින්නමයි ඕනේ' කියලා. එතකොට මං තේරුම් ගන්නවා 'අනේ මෙයාට බණ පද මාත්‍රයක් වැටහිලා නෑ. ඒ නිසයි මේ මෝඩ ප්‍රකාශය කරන්නේ' කියලා. තේරුනා නම් ඊට වඩා බුද්ධිමත් විදිහට එයා කල්පනා කරනවා.

මොකද ආර්ය අෂ්ටාංගික මාර්ගය සම්පූර්ණ වෙනකම් අපිට මේක නවත්තන්න ක්‍රමයක් නෑ. ප්‍රාර්ථනා කරලා නවත්තන්න බෑ. මට උපදින්න ලැබෙන්න එපා කියලා නවත්තන්න බෑ. ඒක ආර්ය අෂ්ටාංගික මාර්ගයේම ගමන් කිරීමෙන්, හේතුව නැතිවීමෙන් ම ඵලය නැතිවෙන ධර්මතාවයක් තියෙන්නේ. හේතුව නැතිවීමෙන් ඵලය නැතිවෙන ධර්මතාවයක් හේතු හැදි හැදී තියෙද්දි ප්‍රාර්ථනා කිරීමෙන් නවතින්නෙ නෑ. ඒ නිසා අපි ඒක තේරුම් ගන්න ඕනෙ.

භවය හැදුනේ උපාදානයෙන්....

භවය ගැන දැන් අපි ඉගෙන ගත්තා. කාම භව, රූප භව, අරූප භව කියලා භව තුනක් තියෙනවා. කාම භවය හැදෙන්නේ කාම ධාතුවේ විපාක විඳින්න කර්ම රැස්වීමෙන්. රූප භවය හැදෙන්නේ රූප ධාතුවේ විපාක විඳින්න කර්ම රැස්වීමෙන්. අරූප භවය හැදෙන්නේ අරූප ධාතුවේ විපාක විඳින්න කර්ම රැස්වීමෙන්. ඒක එහෙම ඉගැන්නුවේ අපගේ ශාස්තෘන් වහන්සේ. ඒ වගේම බුදුරජාණන් වහන්සේ අපට දේශනා කළා මේ භවය හැදුනේ උපාදාන නිසා කියලා. එතකොට එයාට භවය ගැනත් ඤාණයක් තියෙන්න ඕනෙ. භවය හැදුනේ උපාදානයෙන් කියලත් ඤාණයක් තියෙන්න ඕනෙ.

භවය හැදෙන්න හේතුවෙච්ච උපාදානය මොකක්ද? කාමය උපාදාන වීම. ඊළඟට දෘෂ්ටි උපාදාන වීම. ඊළඟට සීලව්‍රත උපාදාන වීම. ඊළඟට අත්තවාද උපාදාන වීම. උපාදාන වෙනවා කියන්නේ ග්‍රහණයකට හසුවෙනවා. අපි කියමු සුදු හරකෙකුයි කලු හරකෙකුයි කඹේකින් ගැටගහලා ඉන්නවා. එතකොට මේ හරක් දෙන්නාම

කඹේ ග්‍රහණයටයි අහුවෙලා ඉන්නේ. මේ හරක් දෙන්නා කොච්චර දෙපැත්තට ඇද්දත් යන්න වෙන්නේ එකටමයි. ගැලවිලා නෑනේ. ග්‍රහණයට හසුවෙලානේ ඉන්නේ.

උපාදානය කියන්නේ මේ වගේ එකක්....

එතකොට මේ හරක් දෙන්නා ග්‍රහණයට හසුවෙලා ඉන්නකොට කෙනෙකුට හරක් දෙන්නා දිහා බලන් ඉන්දෙද්දි පේනවා සුදු හරකා යද්දි කලු හරකත් යනවා. කලු හරකා නවතිද්දි සුදු හරකා නවතිනවා. කලු හරකා යද්දි සුදු හරකත් යනවා. එතකොට සුදු හරකා නවතිද්දි කලු හරකාත් නවතිනවා. එතකොට කෙනෙක් කියන්න පුළුවන් 'මේ හරක් දෙන්නගේ බැඳීමේ හැටි. මේ හරක් දෙන්නට වෙන් වෙන්න බෑ නොවැ. සුදු හරකා යද්දි කලු හරකත් යනවනෙ' කියලා. නමුත් ඇත්ත විස්තරේ මොකක්ද? මේ දෙන්නා කඹේකින් ගැටගහලා නිසා. ඒ වගේ තමයි ග්‍රහණය වීම. ග්‍රහණය වුනාට පස්සේ ගැටගැහෙනවා. කාමයට ගැටගැහෙනවා. ඒක කාම උපාදානය. දෘෂ්ටි වලට ගැටගැහෙනවා. ඒක දෘෂ්ටි උපාදානය. සීලව්‍රත වලට ගැටගැහෙනවා. ඒක සීලබ්බත උපාදාන. ඊළඟට මමය මාගේය, මාගේ ආත්මය කියන හැඟීමට ගැටගැහෙනවා. ඒක අත්තවාද උපාදාන. එහෙම ගැටේ ගහගෙන තමයි අපි මේ සිතෙන් කයෙන් වචනයෙන් ක්‍රියාත්මක වෙන්නේ.

සීමා බන්ධන නැතුව ගියොත්....

සිතෙන් කයෙන් වචනයෙන් කර්ම රැස්වෙන රටාවේ සීමාවක් නෑ විනයක් තිබුනේ නැත්නම්. හොඳට බලන්න හිතලා. දැන් අපි බොරු කීමෙන් වැළකිලා තියෙන්නේ

අපි සුද්ධ වෙලාද නැත්නම් සීමාවක් තියෙන නිසාද? සීමාවක් තියෙන නිසා. කේළාම් කීමෙන් වැළකිලා ඉන්නේ අපි මහා විශේෂ දියුණුවකට පත්වෙලාද? සීමාවකින් හික්මිලාද? සීමාවකින් හික්මිලා. ඵරුෂ වචනයෙන් අපි වැළකිලා ඉන්නේ සීමාවකින් හික්මිලා. හිස් වචනයෙන් වැළකිලා තියෙන්නේ සීමාවකින් හික්මිලා.

මේ සීමා බන්ධන නැතුව ගියොත් සීමාවකින් තොරව බොරු කියන්න ගන්නවා. සීමාවකින් තොරව කේළාම් කියන්න ගන්නවා. සීමාවකින් තොරව ඵරුෂ වචන කියන්න ගන්නවා. දැකලා නැද්ද ඔබ එහෙම අය? හිතිච්ච හිතිච්ච වෙලාවට කේළම් කියනවා. හිතිච්ච හිතිච්ච වෙලාවේ බොරු කියනවා. හිතුන හිතුන වෙලාවට තැන නොතැන බලන්නෙ නැතුව ඵරුෂ වචන කියනවා. හිස් වචන කිය කිය ඉන්නවා. සීමාවකින් තොරව හොඳ දේත් හිතනවා, නරක දේත් හිතනවා. කරන දේත් සීමාවකින් තොරව කරන්න යනවා.

ගැටගැහුනට පස්සේ ලෙහාගන්න එක ලේසි නෑ....

ඒක නිසා මේ කාමයට ගැටගැහුනහම සංවර කරන්න නීතියක් නොතිබුනොත් සීමාවකින් තොරව අවුල් හැදිලා යනවා. එතකොට උපාදානය කියන එකේ නියම අර්ථය තමයි ගැටගැසී යෑම, ග්‍රහණය වීම, හසුවීම. ගැටගැහුනට පස්සේ ඒකෙන් ලෙහා ගන්න ලේසි නෑ. මේ වගේ අපි උපාදාන වලට අහුවෙලා භවය හැදි හැදී ඉන්දෙද්දි තමයි මේ ධර්මය අහන්න ලැබුනේ.

ධර්ම මාර්ගයට එන්න ඉස්සෙල්ලා අපේ කතාබහ තුළ සීමාවක් තිබුනේ නෑ. සිතිවිලි වල සීමාවක් තිබුනේ

නෑ. දැන් නම් අකුසල් සිතිවිල්ලක් හටගත්තොත් 'මේවා අකුසල්. මේ සිතිවිලි හිතන්න හොඳ නෑ. මේවා බැහැර කරන්න ඕනෙ' කියලා අපි දන්නවා. ධර්මය දන්නෙ නැත්නම් සීමාවකින් තොරව ඒකම හිත හිතා ඉන්නවා. ධර්මය දන්න නිසා දැන් කතා කර කර ඉන්න අතරේ කේළමක් කියවෙන්න ගියත් මේක හොඳ නෑ කියලා තේරුම් අරගෙන ඉක්මනට ඒකෙන් වළකිනවා. මං මේ පරුෂ වචනයක් කියන්නේ කියලා දැනගෙන ඉක්මනට වළකිනවා. මේ තේරුමක් නැති හිස් කතාවක පැටලිලා ඉන්නේ කියලා තේරිච්ච ගමන් වළකිනවා.

තමන් හොඳයි අනුන් නරකයි....

එහෙම තේරුනේ නැති කාලේ එකතු වෙච්ච ගමන් අනුන්ගේ ඇදයක් කිය කිය හිටපු කාලයක් තිබුනද නැද්ද? අනුන්ට ම ගරහ ගරහා හිටපු කාලයක් තිබුනද නැද්ද? තිබුනා. හැම තිස්සේම තමන් හොඳයි අනුන් නරකයි. තමන් හැම තිස්සේම සුදනා. මෙහෙම තමයි ගියේ. ඒ රටාවේ ගියපු එක්කෙනා තමයි මේ ධර්මය හම්බ වුනාට පස්සේ මේක තේරුම් ගන්නේ.

එතකොට භවය හැදුනේ උපාදානයෙන් නම් භවය නිරුද්ධ වෙන්න නම් කාමයට බැඳෙන්නේ නැතුව යන්න ඕනෙ. දෘෂ්ටි වලට ගැටගැහෙන්නෙ නැතුව යන්න ඕනේ. සීලව්‍රත වලින් නිදහස් වෙන්න ඕනේ. මම මාගේ මාගේ ආත්මය කියන හැඟීමෙන් නිදහස් වෙන්න ඕනෙ. උපාදානය සම්පූර්ණයෙන්ම නැතිව යන කෙනාට සංයෝජන එකක්වත් නෑ. භවය නිරුද්ධ වන්නා වූ මාර්ගය ආර්ය අෂ්ටාංගික මාර්ගයයි.

උත්තරීතර යුධ ජයග්‍රහණය....

එක දේශනාවක බුදුරජාණන් වහන්සේ ආර්ය අෂ්ටාංගික මාර්ගය හඳුන්වා දෙනවා ලස්සන නමකින්. **අනුත්තර සංග්‍රාම විජය.** උත්තරීතර යුධ ජයග්‍රහණය කියලා කියනවා ආර්ය අෂ්ටාංගික මාර්ගයට. යම්කිසි කෙනෙක් සතර අපායෙන් යන්තම් උඩට පැනගත්තු මේ වෙලාවේ, මනුස්ස ලෝකෙට ආපු වෙලාවේ හරි විදිහට ධර්මය ඉගෙනගෙන ආර්ය අෂ්ටාංගික මාර්ගයට හිත පහදවා ගත්තොත් ඒක සුළුපටු පැහැදීමක් නෙමෙයි. එයා ආයෙත් සතර අපාය නමැති මහා සාගරයේ ගිලෙන්නෙ නෑ. ඒකයි මේකේ තියෙන වාසිය.

හැබැයි මේක වෙන කෙනෙකුට කරලා දෙන්න බෑ. තමන්මයි කරගන්න ඕනෙ. තව කෙනෙකුට ඒ වෙනුවෙන් අනුග්‍රහ කරන්න පුළුවන්. දැන් ඔබට පුළුවන් මේ ස්වාමීන් වහන්සේලාගේ සීලයට අනුග්‍රහ කරන්න. කැප දේවල් දීලා. කැප වෙලාවේ දීලා. කැපසරුප් විදිහ හඳුනාගෙන සීලයට අනුග්‍රහ කරන්න පුළුවන්. බණ පොත්පත් ආදිය පූජා කරලා ස්වාමීන් වහන්සේලාගේ ධර්ම මාර්ගයට අනුග්‍රහ කරන්න පුළුවන්. එතකොට ස්වාමීන් වහන්සේලාත් ධර්මය කියා දීලා ඔබට අනුග්‍රහ කරනවා. හැබැයි එහෙම අනුග්‍රහ කළාට ඒක කරගන්න ඕනෙ තමා විසින් මිසක් වෙන ක්‍රමයක් නෑ.

තමන් තනියම කරගන්න ඕනෙ....

ඒ කියන්නේ තමා තුළට පමුණුවා ගන්න ඕනෙ. ඒකට කියනවා උපනයනාර්හ **ඕපනයික** කියලා. දැන් අපි ගත්තොත් ඉන්ද්‍රිය සංවරය තම තමන් තුළට පමුණුවා ගන්න

ඕනෙ. සිහිය තම තමන් තුළ ඇතිකරගන්න ඕනෙ. වීරිය තම තමන් තුළ ඇතිකරගන්න ඕනෙ. නුවණින් විමසීම තමන් තුළ උත්සාහයෙන් ඇතිකර ගන්න ඕනෙ. අපට දැන් තියෙන ප්‍රශ්නයත් තමන් තුළම තියෙන මේ කෙලෙස් නේද? තමන් තුළ තියෙන ඉරිසියා, ක්‍රෝධ, එකට එක කිරීම, හිතේ කලබල ගතිය, වැටහීමේ දුර්වලකම්, හීන වීරිය. තමන් තුළම තියෙන මේ දේවල් තමයි තමන්ට ප්‍රශ්නය.

එතකොට ඒ ප්‍රශ්නෙන් මිදෙන්න නම් ඒවා දුරුවෙන ආකාරයට වෙනත් දෙයක් තමන් තුළ ඇතිකරගන්න ඕනෙ. ආන්න ඒක සම්පූර්ණයෙන්ම කරලා දෙන්නේ ආර්ය අෂ්ටාංගික මාර්ගයෙන්. දැන් ඔබ උපාදාන ගැන ඉගෙන ගත්තා. මේ උපාදාන හැදෙන්නෙ තණ්හාවෙන්. තණ්හාව කියන්නේ ආශ්වාදය ඇතිවෙන අරමුණට සිත ඇදී යාමටයි. ආශ්වාදය ඇතිවෙන රූපයට සිත ඇදිලා යනවා. ආශ්වාදය ඇතිවෙන ශබ්දයට සිත ඇදිලා යනවා. ආශ්වාදය ඇතිවෙන සුවඳට සිත ඇදිලා යනවා. ආශ්වාදය ඇතිවෙන රසයට සිත ඇදිලා යනවා. ආශ්වාදය ඇතිවෙන ස්පර්ශයට සිත ඇදිලා යනවා. ආශ්වාදය ඇතිවෙන ඔය කියන අරමුණු හිතෙන් මතක් වෙනකොට ඒකට හිත ඇදිලා යනවා.

මේ ස්වභාවය හිතේ තියෙනවා....

මේ ආශ්වාදය හිතේ ඇතිවෙච්ච ගමන් ඒක හිතෙන් අයින් කරගන්න බෑ. හිත ඇදිලා ගිය ගමන් ඒ අරමුණට ඊට පස්සේ ඒකම හිතට මතක් වෙනවා. මතක් වෙනකොට නිකම් හිර කූඩුවේ හිර වෙනවා වගේ සිත ඒ අරමුණේ හිර වෙනවා. ඒකෙන් හිත ගලවගන්න බෑ. ආන්න කාම උපාදාන. එතකොට කාම උපාදාන

හැදෙන්නේ කාම තණ්හාවෙන්. ඊළඟට නොයෙක් දෘෂ්ටි, නොයෙක් මතවාද වලට අපේ හිත ඇදිලා යන්නේත් අරමුණු කෙරෙහි ඇතිවෙන ආසාවෙන්. ධම්ම තණ්හාවෙන් තමයි දෘෂ්ටි හටගන්නේ.

ඔන්න අපි ගමු කෙනෙක් පොත්පත් කියවන්න ආසයි. ඕවායේ නානාප්‍රකාර දෘෂ්ටි, සීමාවක් නැති එක එක මතවාද තියෙනවා. මේවාට මෙයා ආස කරනවා. ආස කරපුවහම ග්‍රහණය වෙනවා. ඒක තමයි හිතේ ස්වභාවය. දෘෂ්ටි වලට ග්‍රහණය වීමත් තණ්හාවෙන් වෙන්නේ. භව තණ්හාව කියන්නේ මේ පැවැත්ම දිගටම ගෙනියන්න හිත පිහිටලා තියෙන්නේ අපට තේරෙන්නෙ නැති වුනාට. විභව තණ්හා කියන්නේ එයා ආස නෑ. නමුත් ආසා නැති බවටත් හිත ඇදිලා ගිහිල්ලා තියෙන්නේ. ඒකත් නැති වෙන්න ඕනේ නිදහස් වෙන්න නම්.

අනේ මට නම් කිසී ආසාවක් නෑ....

කාම තණ්හා, භව තණ්හා, විභව තණ්හා. මේ තුනෙන් තමයි උපාදාන හැදෙන්නේ. තණ්හාවෙන් නම් උපාදාන හැදෙන්නේ උපාදාන නැති වෙන්න නම් තණ්හාව නැති වෙන්න ඕනෙ. උපාදාන නැති වන්නා වූ මාර්ගය ආර්ය අෂ්ටාංගික මාර්ගයයි. ඔබ අහලා ඇති සමහරු කියනවා 'අනේ මට කිසි ආසාවක් නැනේ' කියලා. මේ අමු බොරු. එයා ආස කරපු දෙයක් අහිමි වෙන්න ඕනෙ සෝක කරන හැටි බලන්න. මේ හිත එක එක ස්වභාවයෙන් යුක්තයි. හිත එක එක ළාමක ස්වභාවයන්ට පත්වෙනවා. මේ හිතේ තියෙන ළාමක ස්වභාවයට රැවටිලයි එහෙම කියන්නේ.

තණ්හාව හටගත්තේ යම් හේතුවකින් නම් ඒ හේතුව නැති වෙන්න ඕනෙ. ඒ සඳහා ප්‍රතිපදාවක් තියෙනවා. ඒ තමයි ආර්ය අෂ්ටාංගික මාර්ගය. දැන් බලන්න පින්වත්නි, පටිච්ච සමුප්පාදය දන්න කෙනා පටිච්ච සමුප්පාදය හටගැනීම ගැනත් දැනගන්න ඕනෙ. පටිච්ච සමුප්පාදය නිරුද්ධ වීම ගැනත් දැනගන්න ඕනෙ. පටිච්ච සමුප්පාදය නිරුද්ධ වන්නා වූ මාර්ගය ගැනත් දැනගන්න ඕනෙ. 'අනේ අපි මුකුත් දන්නෙ නැතුව හිටියේ. මහමෙව්නාව ආවට පස්සේ දැන් අපිට හොඳට පටිච්ච සමුප්පාදය තේරෙනවා' කියලා එහෙම කියන අයත් ඉන්නවා. එහෙම තේරෙන්නෙ නෑ. ඒ බොරු කතා.

ආශ්වාදනීය අරමුණට සිත ඇදීයාම තණ්හාවයි....

පටිච්ච සමුප්පාදය තේරුම් ගන්න සෑහෙන්න මහන්සි වෙන්න ඕනෙ. ආර්ය අෂ්ටාංගික මාර්ගය ම ඉගෙන ගන්න ඕනෙ. දැන් ඔන්න අපි තණ්හාව ගැන කිව්වා. තණ්හාව ගැනත් දැනගන්න ඕන එයා මෙන්න මේකයි තණ්හාව කියලා. තණ්හාව මොකක්ද කියලා දන්නෙ නැති නිසා තමයි අපිට තණ්හාව නෑ කිය කිය කියන්නේ. තණ්හාව ගැන තේරෙන එක්කෙනා ඔය මෝඩ කතා කියන්න යන්නෙ නෑ. තණ්හාව කියන්නේ මොකක්ද එතකොට? ආශ්වාදය ඇති කරලා දෙන අරමුණට සිත ඇදීයෑම.

අරමුණක් කෙරෙහි ආශ්වාදය ඇතිවෙන්නේ ඒ අරමුණ වින්දොත්. නැත්නම් ආශ්වාදයක් හටගන්නේ නෑ. ඇහෙන් රූපයක් දැක්ක ගමන් ඒ රූපය වින්දා

නම් ආශ්වාදය හටගන්නවා. එතකොට ඒ ආශ්වාදයට තමයි හිත ඇදිලා යන්නේ. ඔන්න කනට මිහිරි ගීතයක් ඇහෙනවා. ඇහෙනකොටම ඒක විඳිනවා. විඳින කොට තමයි ආශ්වාදය ඇතිවෙන්නේ. ඒ ආශ්වාදයට හිත ඇදිලා යනවා. ඒ ආශ්වාදය හටගත්තේ නැත්නම් ඒ කිච්චේ විඳීම හටගත්තේ නැත්නම් සිත ඇදිලා යන්නෙ නෑ.

තණ්හාව හටගන්නේ විඳීම නිසයි....

ඇහේ ස්පර්ශයෙන් විඳිනවා. කනේ ස්පර්ශයෙන් විඳිනවා. නාසයේ ස්පර්ශයෙන් විඳිනවා. දිවේ ස්පර්ශයෙන් විඳිනවා. කයේ ස්පර්ශයෙන් විඳිනවා. මනසේ ස්පර්ශයෙන් විඳිනවා. විඳිනකොට සැපයක් නම් හිතට එන්නේ හිත ඒ අරමුණට ඇදිලා යනවා. ඒ කියන්නේ වේදනාවෙන් තමයි තණ්හාව හටගන්නේ. බුදුරජාණන් වහන්සේ දේශනා කළා පඨවි ධාතුවේ ආශ්වාදය තියෙනවා. ආපෝ ධාතුවේ ආශ්වාදය තියෙනවා. ඒ කියන්නේ සැප විඳීමක් හදා දෙන්න පුළුවන්කමක් තියෙනවා. වායෝ ධාතුවේ ආශ්වාදය තියෙනවා. තේජෝ ධාතුවේ ආශ්වාදය තියෙනවා.

දැන් හොඳටම සීතලේ ඉන්න වෙලාවක එයාට ආශ්වාදය තියෙන්නෙ රස්නෙ. රස්නෙ තියෙන වෙලාවට ආශ්වාදය තියෙන්නේ සීතලේ. ඒ ඔක්කොම විඳීම්. ආශ්වාදය ඇතිවෙන දේ විඳිනවා. ඒ විඳින දේට සිත ඇදිලා යනවා. තණ්හාව හටගත්තහම ඒකට එයා හිර වෙනවා. ඒ අනුව එයා සිත කය වචනය හසුරුවද්දි භවය හැදෙනවා. තණ්හාව හටගන්නේ විඳීමෙන් නම් තණ්හාව නැති වෙන්නේ විඳීම නැතිවීමෙන්. ඒ තණ්හාව නිරුද්ධ වන්නා වූ මාර්ගය ආර්ය අෂ්ටාංගික මාර්ගයයි.

සැප දුක් උපේක්ෂා විඳීම්....

ඊළඟට විඳීම ගැනත් අපි ඔබට බොහෝ කරුණු කියාදුන්නා. එක එක විදිහට විඳීම හටගන්නවා. සැප විඳීම කියලා එකක් තියෙනවා. දුක් විඳීම කියලා එකක් තියෙනවා. උපේක්ෂා විඳීම කියලා එකක් තියෙනවා. බුද්ධ දේශනාවේ තියෙනවා සැප විඳින කොට එයාගේ රාගානුසය බලපවත්වනවා කියලා. දුක් විඳිනකොට පටිඝානුසය බලපවත්වනවා. ඒ දෙකම නැතුව විඳිනකොට අවිජ්ජානුසය, අවබෝධය නැතිකම ම හිතේ බලපවත්වනවා.

එහෙනම් විඳීම මධ්‍යස්ථ වුනා කියලා බේරෙන්න බෑ. ඒ නිසා බුදුරජාණන් වහන්සේ දේශනා කළා මේ විඳීම ගැනත් අවබෝධ කරන්න ඕන කියලා. ඒ වගේම විඳීම හටගන්නේ කොහොමද කියලත් අවබෝධ කරගන්න ඕනෙ. විඳීම හටගන්නේ ස්පර්ශය ප්‍රත්‍යයෙනුයි. ස්පර්ශය කියන්නේ කරුණු තුනක එකතුවීම. ස්පර්ශය හය ආකාරයි. ඒ තමයි ඇසේ ස්පර්ශය, කනේ ස්පර්ශය, නාසයේ ස්පර්ශය, දිවේ ස්පර්ශය, කයේ ස්පර්ශය, මනසේ ස්පර්ශය.

විඤ්ඤාණය හටගන්නේ අභ්‍යන්තර ඉන්ද්‍රියයේ....

දැන් ඔබ කියන්න බලන්න ඇහේ ස්පර්ශයට කරුණු කීයක් ඕනෙද? කරුණු තුනයි. මොනවද ඒ තුන? ඇසයි රූපයයි විඤ්ඤාණයයි. ඒ විඤ්ඤාණය හටගන්නේ රූපයේද ඇසේද? ඇසේ. විඤ්ඤාණය හටගන්නේ රූපයේ නෙමෙයි. විඤ්ඤාණය හටගන්නේ අභ්‍යන්තර ඉන්ද්‍රියයේ.

එතකොට ඇසයි රූපයයි ඇසේ විඤ්ඤාණයයි එකතු වුනහම හටගන්නවා ඇසේ ස්පර්ශය. කනයි ශබ්දයයි කනේ විඤ්ඤාණයයි එකතු වුනහම හටගන්නවා කනේ ස්පර්ශය. නාසයයි ගඳ සුවඳයි නාසයේ විඤ්ඤාණයයි එකතු වුනහම හටගන්නවා නාසයේ ස්පර්ශය.

දිවයි රසයයි දිවේ විඤ්ඤාණයයි එකතු වුනහම හටගන්නවා දිවේ ස්පර්ශය. ඊළඟට කයයි පහසයි කයේ විඤ්ඤාණයයි එකතු වුනහම හටගන්නවා කයේ ස්පර්ශය. මනසයි අරමුණුයි මනෝ විඤ්ඤාණයයි එකතු වුනහම හටගන්නවා මනසේ ස්පර්ශය. එක සූත්‍රයක බුදුරජාණන් වහන්සේ විස්තර කරලා තියෙනවා 'යම් තැනක ස්පර්ශයක් ඇත්තේද එතන දුක ඇත්තේය' කියලා. ඒ කියන්නේ යම් තැනක අභ්‍යන්තර ආයතන හය තියෙනවද, ඒ ආයතන හයට බාහිර ආයතන අරමුණු වෙනවද, ඊළඟට ඒ ආධ්‍යාත්මික ආයතන හයේ විඤ්ඤාණය හටගන්නවද, මේවා එකතු වෙනවද එතන ඉඳලා එයාට සම්පූර්ණයෙන්ම තියෙන්නේ දුක.

මේක එක ක්ෂණයෙන් වෙන එකක්....

දැන් අපි ගමු ඔන්න ඇහැ තියෙනවා. ඇහැ ඉදිරියට රූපය පැමිණුනා. එතකොට ඇහේ විඤ්ඤාණය හටගත්තා. ඇහැයි රූපයයි විඤ්ඤාණයයි එකතු වෙච්ච ගමන් පෙනුනා. එතකොට මොකද වෙන්නේ ඒ රූපය ලස්සන එකක් නම්, ආශ්වාදනීය එකක් නම් ඒ රූපය දැක්ක ගමන් ඉස්සෙල්ලම හටගන්නේ විඳීම. ඒකට වැඩි වෙලාවක් යන්නේ නෑ. බොහොම සැණින් වෙනවා. විඳීම හටගත්තු ගමන් ආශ්වාදනීය අරමුණක් නම් ඒකට ඇලෙනවා.

දැන් අපි කියමු කෙනෙක් බිම බලාගෙන පයින් යනකොට ඔන්න එකපාරට එයාට ඉස්සරහ බැලුනා. බලනකොට ලස්සන රූපයක්. එයාට ඒක වින්දනය වුනා නම් එක පාරට ලස්සනයි කියන එක හිතට එනවා. ඒ වෙද්දි අර ආශ්වාදය ආපු රූපයට හිත ඇදිලා ගිහින්. ඒ රූපය පහුවෙනවා. දැන් මෙයා අඩි කීපයක් ඉස්සරහට ගිහිල්ලා ආපහු හැරිලා බලනවා. ගෙදර ගියාට පස්සෙත් ආයෙ ආයෙ මතක් වෙනවා. උපාදානත් වෙලා. මේ ස්වභාවය අපේ හිතේ තියෙනවා.

මේක වෙන්නේ ස්පර්ශයෙන්....

ස්පර්ශයෙන් වෙනවා කියන කාරණය දන්නෙ නැති එක්කෙනා හිතන්නේ 'ෂා... ලස්සන එක්කෙනෙක් දැක්කා' කියලයි. ඒක දැක්කේ කවුද? මම. මම දැක්කා, මට පෙනුනා කියලයි හිතෙන්නේ. ස්පර්ශයක් වුනා කියලා තේරුනේ නෑ. නමුත් ඇත්ත මොකක්ද එතන? ඇහැයි රූපයයි විඤ්ඤාණයයි එකතු වුනා. හැම තිස්සෙම සිද්ධ වෙන්නේ ඇහැයි රූපයයි විඤ්ඤාණයයි එකතුවීම. කනයි ශබ්දයයි විඤ්ඤාණයයි එකතුවීම. නාසයයි ගඳසුවඳයි විඤ්ඤාණයයි එකතුවීම. දිවයි රසයයි විඤ්ඤාණයයි එකතුවීම. කයයි පහසයි විඤ්ඤාණයයි එකතුවීම. මනසයි අරමුණයි විඤ්ඤාණයයි එකතුවීම. එතකොට විඳිනවා. එහෙම එකතු වෙන්නෙ නැත්නම් ඒක විඳින්නෙ නෑ.

තණ්හාවෙන් හදපු මතකය....

දැන් අපි ගත්තොත් ඔන්න තමන් ඒ පාරෙම යනවා. කවුරුවත් මුණ ගැහුනෙ නෑ. එතකොට ඒ ස්පර්ශය ඇතිවෙන්නෙ නෑ. ඔන්න ස්පර්ශය ඇතිවුනා.

එයා පහුවෙලා ගියා. ස්පර්ශය නැතිවුනා. නමුත් තණ්හාවෙන් හදපු මතකය තියෙනවා. තණ්හාවෙන් හදපු මතකයක් කියන්නේ ඒක මතක් වෙනකොට ආසාව උපදින නිසා. ඒක මතක් වෙනකොට ආසාවක් උපදින්නේ නැත්නම් තණ්හාවෙන් හදපු මතකයක් නෑ. ආන්න එහෙමයි ඒක බලන්නේ. එතකොට ස්පර්ශයෙන් නම් විඳීම හටගන්නේ විඳීම නැතුව යන්නේ ස්පර්ශය නැතිවෙච්ච දවසට. ස්පර්ශය නිරුද්ධ වන්නා වූ මාර්ගය ආර්ය අෂ්ටාංගික මාර්ගයයි.

ආර්ය අෂ්ටාංගික මාර්ගය තමයි මේ හැම ප්‍රශ්නෙට ම තියෙන විසඳුම. හැබැයි ඔබ මේ එකක් එකක් ගානේ ආර්ය අෂ්ටාංගික මාර්ගය විතරක් දැනගෙන මදි. අපි ආර්ය අෂ්ටාංගික මාර්ගය දහම් පාසල් යද්දි ඉගෙන ගත්තේ නැද්ද? ආර්ය අෂ්ටාංගික මාර්ගය මේකයි කියලා අපි අහලා තිබුනේ නැද්ද? නමුත් අපට මේකේ අවශ්‍යතාවය වැටහුනේ නෑ. මේ දුකෙන් මිදෙන්න තියෙන්නේ ආර්ය අෂ්ටාංගික මාර්ගයයි කියලා බුද්ධ දේශනා වලින්ම නැවත නැවත පැහැදිලි කරගන්න ඕනෙ මේක හිතට යන්න නම්.

කුසල් මුල් බලවත් කෙනා ඉක්මනින් ධර්මය අල්ලගන්නවා....

මොකද අපිට සාමාන්‍යයෙන් අනිත් දේවල් වගේ එකපාරට ධර්මය හිතට යන්නෙ නෑ. අපි ඒක තේරුම් ගන්න ඕනෙ. සාමාන්‍යයෙන් අනිත් බාහිර දේවල් එකපාරට අපේ හිතට යනවා. මතකත් හිටිනවා. නමුත් ධර්මයේ දේවල් මතක හිටිනවා අඩුයි. ධර්මය මතකයට යන්නේ කුසල් මුල් බලවත් නම්. බුද්ධ කාලේ කුසල් මුල්

බලවත් අය දිව්‍ය ලෝක වල ඉඳලා, බ්‍රහ්ම ලෝකවල ඉඳලා ඇවිල්ලා මව්කුසේ පිළිසිඳ ගන්නවා. ඊට පස්සේ මේ පොඩි දරුවන්ව දෙමව්පියෝ මහණ කරන්න එක්කන් යනවා. සමහරවිට මේ පොඩි දරුවට වයස අවුරුදු හතයි.

මේ දරුවා මහණ කරන්න ගෙනිච්චට පස්සේ ආචාර්යයන් වහන්සේලා, උපාධ්‍යායන් වහන්සේලා මේ දරුවගේ හිසේ කෙස් චුට්ටක් දැලි පිහියෙන් කපලා අතට දෙනවා 'පුතේ... මේ කෙස් දිහා බලාගෙන ඔයා භාවනා කරන්න' කියලා. දැන් මේ දරුවගේ කුසල් මුල් බලවත්. අරක දැක්ක ගමන් කුසලයට අරමුණක්. කුසල් මුල් වලින් තමයි කුසලය උපදින්නේ. ඒ සත් හැවිරිදි පුංචි දරුවා ඒ මොහොතේම මාර්ගය වැඩිලා හිස බාලා ඉවර වෙනකොට නිකෙලෙස් වෙනවා. උන්වහන්සේලාට කියනවා කරගෙයි රහත් වෙනවා කියලා.

යළි සසරට නොවැටෙන්න නම්....

දැන් බලන්න එතකොට දහම් කරුණු හිතේ පැලපදියම් වෙන්න තමන්ගේ කුසල් මුල් වල බලවත්කම හේතු වෙනවා. එහෙම බලවත් කුසල් මුල් නැත්නම් අපි බොහෝම වීරියෙන් උත්සාහයෙන් තමයි මේ දහම් කරුණු ගන්න තියෙන්නේ. මේ ආත්මේ ඒ සඳහා වීරියක් උත්සහයක් කරන්නෙ නැත්නම් අකුසල් මුල් ම බලවත් වෙලා ආයෙමත් සාගරයේ ගිලෙනවා වගේ මරණින් මත්තේ සතර අපායෙන් යුක්ත සසරටම වැටෙනවා.

සතර අපායෙන් යුක්ත සසරට මරණින් මත්තේ නොවැටෙන්න නම්, කුසල් මුල් බලවත් කරගන්න නම් නැවත නැවත උත්සහයෙන් වීරියෙන් යුතුව ධර්මය

ඉගෙන ගන්න ඕනෙ. සාමාන්‍යයෙන් ධර්මය ඉගෙනීම කියන එක පුරුදු කරගන්නකම් ඒක ආශ්වාදනීය අරමුණක් නෙමෙයි. ඒ කියන්නේ සිංදුවක් අහනවා වගේ, නාටකයක් බලනවා වගේ එක පාරට ප්‍රීතිය උපද්දවලා, තමන්ගේ ඇඟේ මවිල් කෙලින් වෙලා ප්‍රීතිය හටගන්නේ නෑ මේකට.

සතර අපා භය ම මෙනෙහි කරන්න....

ඒ නිසා වීරියෙන් උත්සාහයෙන් මේ ධර්මය ඉගෙන ගනිද්දි තමයි ටික ටික කුසල් මුල් මෝරන්න පටන් ගන්නේ. අපට ඔය චිත්‍රකතා පොතක්, නවකතාවක්, ටෙලිඩ්‍රාමා එකක් නම් මහන්සියක් නැතුව බලන්න පුළුවන්. නමුත් ධර්මය කියවන්න ගන්නකොට මොකක් හරි එකක් මතක් වෙලා මේක හිතේ පිහිටන්නෙ නැතුව යනවා. ඒ වෙලාවට අපි සතර අපායේ භය ම මෙනෙහි කරන්න ඕනෙ. 'සතර අපායට යන්න තියෙන ගමනකින් බේරිලයි දැන් උඹ මේ ඉන්නේ. නුඹ මේ අවස්ථාවේ ධර්මය අල්ලගත්තේ නැත්නම් නුඹට පිහිටක් නෑ' කියලා තමන්ට තියෙන අනතුර මෙනෙහි කරනකොට සරණ මතක් වෙනවා.

සරණක් හොයන්නේ තමන් අසරණ බව තේරුණොත්....

අනතුර මෙනෙහි කිරීම අතහැරිය ගමන් සරණත් අමතක වෙනවා. අමතක වෙච්ච ගමන් එයාට සරණින් වැඩක් නෑ. සරණ හොයන්නේ තමන් අසරණ වෙලා ඉන්න බව තේරුනොත්නේ. දැන් බලන්න සිරියාවේ අර ත්‍රස්තවාදී කණ්ඩායම මිනිස්සුන්ව හිතුමනාපෙට මරන්න

ගත්තා. ඔන්න ආරංචි වෙනවා අසවල් පැත්තෙන් ගහගෙන එනවා කියලා. එතකොට ඒ පැත්තේ ඉන්න මිනිස්සු 'අනේ.... මං මහන්සියෙන් හම්බ කරපු ගේ මට දාලා යන්න බෑ.... මං මේ අලුත්ම කාර් එකක් අරගත්තා. මට මේක දාලා යන්න බෑ..... මට මේ ළමයි ටික දාලා යන්න බෑ.... කියලා ඉන්නවද? නෑ.

ඇඳිවත පිටින් දුවනවා පිහිටක් හොයාගෙන. බේරෙන්න තැනක් හොයාගෙන. අනතුරක් නැති තැනක් හොයාගෙන. ගිහිල්ලා ඔන්න පනිනවා තුර්කියට. තුර්කියෙත් බේරෙන්න බෑ. ඒකෙත් අනතුරුදායකයි. ආරක්ෂාවක් නෑ. එතනින් පුංචි බෝට්ටුවක නැගලා තැරැව්කාරයන්ට කීයක් හරි දීලා පනිනවා ග්‍රීසියට. එතනත් බේරෙන්න බෑ. ඊට පස්සේ දිවා රාත්‍රී වැස්සේ තෙමි තෙමී, පාරවල් අයිනේ ගස් යට නිදාගෙන, කන්න නැතුව බොන්න නැතුව නාන්න විදිහක් නැතුව, සතිය හමාර එකම ඇඳුම ඇඳගෙන හැතැප්ම දාස් ගාණක් ඇවිදගෙන ගිහිල්ලා ජර්මනියට යනවා. ජර්මනියෙන් හම්බ වෙනවා සරණාගත වීසා. ඉන්න තැනක් හම්බ වෙනවා. ඔන්න සරණ හම්බ වුනා එයාට.

ධර්මය හැදෑරීමේ අර්ථය තේරුම් ගන්න....

නමුත් සතර අපායට වැටෙන එකෙන් එයා බේරිලා නෑ. අපි මේ සරණ හොයන්නේ සතර අපායේ වැටෙන එකෙන් බේරෙන්නයි. මේ අර්ථය අල්ලගන්න බැරිවුනොත් ධර්මය ඉගෙනිල්ලේ අර්ථය එයාට අහුවෙන්නෙ නෑ. ධර්මය ඉගෙනිල්ලේ අර්ථය එයාට අහුවෙන්නේ නැත්නම් ඒ ධර්මය වාද කරන්න පාවිච්චි කරනවා. එතකොට ඒ ධර්මය ඉගෙනිල්ලේ අර්ථයට වැරදි එකක්. ඒ නිසා මේ

පටිච්ච සමුප්පාදය ගැන, ආර්ය අෂ්ටාංගික මාර්ගය ගැන, චතුරාර්ය සත්‍යය ගැන උත්සාහයෙන් වීරියෙන් හොඳට ඉගෙන ගන්න ඕනෙ.

දැන් අපි කතා කර කර හිටියේ ස්පර්ශය ගැන. මට මතකයි මං මුල් කාලේ ස්පර්ශය මොකක්ද කියලා අහනකොට අම්මලා කිව්වේ ගැටීම කියලා. මොනවද ගැටෙන්නේ කියලා ඇහුවහම කියාගන්න තේරෙන්නෙ නෑ. ඇහැට රූප ගැටෙනවයි කියනවා. එතකොට මම බුද්ධ දේශනාවේ මෙහෙමයි තියෙන්නේ කියලා පාළි වචනත් එක්කම ඉගැන්නුවා. දැන් නම් කවුරුත් දන්නවා. මොකක්ද ඒ? **තිණ්ණං සංගති ඵස්සෝ.** කරුණු තුනක එකතුවීම ස්පර්ශයයි.

ආයතන හය නැත්නම් ස්පර්ශයක් නෑ....

ස්පර්ශය හය ආකාරයි කියලා දැන් ඔබ දන්නවා. ඒ තමයි ඇසේ ස්පර්ශය, කනේ ස්පර්ශය, නාසයේ ස්පර්ශය, දිවේ ස්පර්ශය, කයේ ස්පර්ශය, මනසේ ස්පර්ශය. මේ ස්පර්ශය ඇතිවුනේ ආයතන හය නිසයි. ඇස් දෙක තිබුනෙ නැත්නම් ඇහේ ස්පර්ශය හටගනියිද? නෑ. ඇහේ ස්පර්ශයට හේතුවුනේ ඇස. කන තිබුනෙ නැත්නම් කනේ ස්පර්ශය හටගන්නේ නෑ. ඒ වගේ නාසයේ ස්පර්ශයට හේතුවුනේ නාසය. දිවේ ස්පර්ශයට හේතුවුනේ දිව.

මේ ශරීරයට සීතල දැනෙනවා. රස්නෙ දැනෙනවා ගොරෝසුබව දැනෙනවා. සියුම් බව දැනෙනවා. එතකොට ශරීරයක් තිබුනෙ නැත්නම් ඒ මුකුත් දැනෙන්නෙ නෑ. එහෙනම් ශරීරයේ ස්පර්ශයට හේතුවුනේ ශරීරය. හිතෙන් අරමුණු මෙනෙහි කරනවා. හිතක් තිබුනෙ නැත්නම් මනසේ ස්පර්ශය හටගන්නේ නෑ. එහෙනම්

මේ ආයතන හය තමයි ස්පර්ශයට මුල. ආයතන හයක් තිබුනෙ නැත්නම් ස්පර්ශයක් නෑ. ස්පර්ශය නිරුද්ධ වන මාර්ගය හැටියට බුදුරජාණන් වහන්සේ වදාළෙත් ආර්ය අෂ්ටාංගික මාර්ගයමයි.

විභව තණ්හාව තේරුම් ගන්න....

එක ආයතනයක් හරි තියෙනවා නම් එයාට මේ දුකට අයිති සියලු දේ තියෙනවා. දැන් අපි ගමු 'ජරාමරණ හටගන්නේ ඉපදීම නිසා. ඉපදෙන්නේ භවය නිසා. භවය හටගන්නේ උපාදාන නිසා. උපාදාන හටගන්නේ තණ්හාව නිසා. තණ්හාව හටගන්නේ විඳීම නිසා. විඳීම හටගන්නේ ස්පර්ශය නිසා. ස්පර්ශය හටගන්නේ ආයතන හය නිසා' කියන මේ රටාව දන්නෙ නැති තාපසයෙක් ඉන්නවා කියමු. එයා හිතනවා 'ආයතන හය නිසාමයි මේ දුක. මේ ආයතන හය නැත්නම් කොච්චර හොඳද...' කියලා. ඒක තමයි විභව තණ්හාව.

මේ ආයතන හය නැත්නම් කොච්චර හොඳද කියලා හිතලා එයා ඒ විදිහට හිත වඩනවා. වඩනකොට එයාට ඔක්කොම නොදැනී යනවා. ඇහැත් නොදැනී යනවා. කනත් නොදැනී යනවා. නාසයත් නොදැනී යනවා. දිවත් නොදැනී යනවා. කයත් නොදැනී යනවා. ගැඹුරු නින්දකට ගියා වගේ එයා ඉන්නවා. ඒකට කියනවා අසඤ්ඤ කියලා. එයා මරණින් මත්තේ ගිහිල්ලා උපදිනවා අසඤ්ඤසත්ත කියන ලෝකයේ.

මුළාවට ම යි කරුණු යෙදිලා තියෙන්නේ....

එතකොට බලන්න මේ ලෝකයේ මනුස්සයන්ට මුළා වෙන්නම නේද මේ කරුණු යෙදිලා තියෙන්නේ.

ආර්ය අෂ්ටාංගික මාර්ගය දියුණු කරපු එක්කෙනා අසඤ්ඤෙට යන්නෙ නෑ. අවිද්‍යා තණ්හා නිරුද්ධ කරලා පිරිනිවන් පානවා. ආන්න ඒකයි මේකේ වෙනස. එතකොට ඇස, කන, නාසය, දිව, කය, මනස කියන මේ ආයතන හය හටගන්නේ නාමරූප වලින්. මොනවද නාමරූප කියන්නේ? නාමරූප ගැන අපිට ඕන ඕන විදිහට විස්තර කරලා වැඩක් නෑ.

අපිට ඕන කරන්නේ අපි සරණ ගියපු ශාස්තෘන් වහන්සේ නමක් ඉන්නවා. ඒ ශාස්තෘන් වහන්සේ අපට පිළිසරණ කරගැනීමට ධර්මයක් දේශනා කරලා තියෙනවා. ඒ ධර්මයේ උගන්වන දේ තමයි අපි ගන්න ඕනෙ. ඒ ධර්මයේ සඳහන් වෙනවා නාම කියන්නේ වේදනා, සඤ්ඤා, චේතනා, ස්පර්ශ, මනසිකාර කියන මේ පහට. රූප කියලා කියන්නේ පඨවි ආපෝ තේජෝ වායෝ කියන සතර මහා ධාතුත් සතර මහා ධාතු නිසා හටගත්තු දේවලුත්. **නාමරූප පච්චයා සළායතනං.** මෙන්න මේ නාමරූප නිසා ඇහැ හැදෙනවා.

නාමරූප නිසයි ආයතන හය හැදෙන්නේ....

නාමරූපය නිසා කන හැදෙනවා. නාමරූපය නිසා නාසය හැදෙනවා. නාමරූපය නිසා දිව හැදෙනවා. නාමරූපය නිසා කය හැදෙනවා. නාමරූපය නිසා මනස හැදෙනවා. නාමරූප නිරුද්ධ වීමෙන් ආයතන හයත් නිරුද්ධ වෙනවා. ආයතන හය නිරුද්ධ වන්නා වූ ප්‍රතිපදාව ආර්ය අෂ්ටාංගික මාර්ගයයි. ඊළඟට බුදුරජාණන් වහන්සේ උගන්වනවා සංස්කාර ගැන. සංස්කාර තුනක් තියෙනවා. කාය සංස්කාර, වචී සංස්කාර, චිත්ත සංස්කාර.

කාය සංස්කාර කිව්වේ ආශ්වාස ප්‍රාශ්වාස. වචී සංස්කාර කිව්වේ විතක්ක විචාර. චිත්ත සංස්කාර කිව්වේ සඤ්ඤා වේදනා. මේවා තියෙන්නේ අවිද්‍යාව නිසා. අවිද්‍යාව කිව්වේ දුක්ඛාර්ය සත්‍යය ගැන අවබෝධයක් නෑ. දුක්ඛ සමුදය ගැන ඒ කියන්නේ දුක හටගන්නේ මෙහෙමයි කියලා අවබෝධයක් නෑ. දුක නිරුද්ධ වෙන්නේ මෙහෙමයි කියලා අවබෝධයක් නෑ. දුක නිරුද්ධ වන්නා වූ මාර්ගය ගැන අවබෝධයක් නෑ. ඒ අවිද්‍යාව නම් සංස්කාරයන්ගේ හේතුව එහෙනම් අවිද්‍යාව නැති වුනොත් සංස්කාරත් නැතිවෙනවා.

හුස්ම ගන්න බැරිවුනොත් කලබල වෙනවා....

බුද්ධ දේශනාවේ ආනාපානසති භාවනාව තුළින් අරහත්වයට පත්වෙච්ච රහතන් වහන්සේ ගැන තියෙනවා. උන්වහන්සේ අවසාන මොහොතෙත් ඉතාම සිහියෙන් ආශ්වාස ප්‍රාශ්වාස නිරුද්ධ වෙනවා දකිමින් පිරිනිවන් පානවා කියනවා. සාමාන්‍ය මනුස්සයා මොනවා හරි දෙයක් වෙච්ච ගමන් හුස්ම ගන්න බැරිව ගියොත් ඉක්මනට කලබල වෙනවා හුස්ම අල්ලගන්න. ඉහළට ගත්ත හුස්ම පහළට ගියේ නැත්නම් භය වෙනවා. පහළට හෙලපු හුස්ම ඉහළට ගන්න බැරිවුනොත් භය වෙනවා.

එතකොට බලන්න මේ අවිද්‍යාව කොච්චර බලවත්ද කියලා. මේ හුස්මට අපි මමය, මාගේය කියලා බැඳිලා ඉන්නවා. සඤ්ඤා වේදනා වලට අවිද්‍යා සහගතව මමය මාගේය කියලා බැඳිලා ඉන්නවා. විඳීමක් දැනෙන්නේ නැත්නම් අපි භය වෙනවා. හඳුනගන්න බැරිනම් භය වෙනවා. මේ විතක්ක විචාර නැතුව ගියොත්

භය වෙනවා. ඔක්කොම මම මාගේ කියලා අල්ලගෙන ඉන්නේ. බුදුරජාණන් වහන්සේ පෙන්වා දෙනවා මේ විදිහට පටිච්ච සමුප්පාදයේ සෑම අංගයක් ගැනම මේ සතර ආකාරයට ශ්‍රාවකයා දැනගන්න ඕනෙ.

දුකෙන් මිදෙන - නිවන් ලබන මග....

මේ විදිහට දැනගත්තහම ඒ ශ්‍රාවකයාට ධර්මය පිළිබඳව වටහාගැනීමකට පත්වුනා කියලා කියන්න පුළුවන් කියනවා. ඒ නිසා ඔබත් මේ පටිච්ච සමුප්පාදය හොඳට තේරුම් ගන්න. භාග්‍යවතුන් වහන්සේ දේශනා කරපු ආකාරයට පටිච්ච සමුප්පාදයේ අංග එකක් එකක් ගානේ විස්තර වශයෙන් දැනගන්න. ඊළඟට ඒ ඒ අංගය හටගන්න හේතුවෙච්ච අංගය වෙන් වෙන් වශයෙන් දැනගන්න.

ජරාමරණ වලට හේතුව ඉපදීම. ඉපදීමට හේතුව භවය. භවයට හේතුව උපාදානය. උපාදානයට හේතුව තණ්හාව. තණ්හාවට හේතුව විඳීම. විඳීමට හේතුව ස්පර්ශය. ස්පර්ශයට හේතුව ආයතන හය. ආයතන හයට හේතුව නාමරූප. නාමරූපයට හේතුව විඤ්ඤාණය. විඤ්ඤාණයට හේතුව සංස්කාර. සංස්කාරයට හේතුව අවිද්‍යාව. එතකොට මේ හේතු නැතිවීමෙන් ඒ ඵල නැතුව යනවා. මේ සියලු හේතුනුත් ඵලත් නිරුද්ධ වෙන්න තියෙන ප්‍රතිපදාව ආර්ය අෂ්ටාංගික මාර්ගයයි. ඒ නිසා අපටත් මේ ආර්ය අෂ්ටාංගික මාර්ගය දියුණු කරගෙන මේ ගෞතම බුදු සසුනේදීම ජරාමරණ දුකින් සදහටම නිදහස් වෙන්න වාසනාව ලැබේවා!

සාදු! සාදු!! සාදු!!!

02.
සවස් වරුවේ ධර්ම දේශනය...

ශ්‍රද්ධාවන්ත පින්වත්නි,

අද උදේ වරුවේ ධර්ම දේශනාවෙදි පටිච්ච සමුප්පාදයේ එක් එක් අංගයක් සතර ආකාරයකට අවබෝධ කරගතයුතු බව ඔබ ඉගෙන ගත්තා. ඒ විදිහට තේරුම් ගත්ත කෙනාටයි මාර්ගය විවෘත වෙන්නේ. එහෙම තේරුම් ගත්තේ නැති කෙනාට මාර්ගය විවෘත වෙන්නේ නැති බවත් අපි තේරුම් ගන්න ඕනෙ. ඒ නිසා අපගේ ශාස්තෘන් වහන්සේ කියාදීපු ආකාරයට අපි පටිච්ච සමුප්පාදය ඉගෙන ගන්න ඕනෙ. බුදුරජාණන් වහන්සේ ඒ මාර්ගය විවෘත කරගන්න තවත් ආකාරයක් ගැන අපට කියාදෙනවා. මේ ගැන සඳහන් වෙන්නේ **දුතිය ඤාණවත්ථු** කියන සූත්‍රයේ.

උන්වහන්සේ දේශනා කරනවා "මහණෙනි, ඤාණය ලැබීමට උපකාරී වන කරුණු හැත්තෑ හතක් මම දැන් ඔබට දේශනා කරනවා. එය හොඳින් අහගන්න" කියලා. පළවෙනි එක තමයි **ජාති පච්චයා ජරාමරණන්ති ඤාණං.** ඉපදීම නිසා ජරාමරණ හටගන්නවා කියන

ඤාණය. එතකොට මම ඔබට කියාදුන්නා ජරාමරණ කියද්දි ජරාවයි මරණයයි විතරක් නෙමෙයි අපි ගන්න ඕනෙ. සෝක වැළපීම් දුක් දොම්නස් සුසුම් හෙළීම් ආදී යම්තාක් කරදර ඇද්ද ඒ සියලූම දේවල් පුද්ගලයාට අත්විඳින්න සිද්ධ වෙන්නේ ඉපදීම නිසා. මේ දුක් කරදර කම්කටොලු සියල්ලටම හේතුව ඉපදීමයි කියන කාරණය අවබෝධ වීම ඤාණයක්. ඒකට කියන්නේ **ජාති පච්චයා ජරාමරණන්ති ඤාණං** කියලා.

ඉපදුනේ නැත්නම් ජරාමරණ නෑ....

ඊළඟ එක **අසති ජාතියා නත්ථි ජරාමරණන්ති ඤාණං.** ඉපදීම නිසා නම් ජරාමරණ හටගන්නේ ඉපදීම නැති කල්හි ජරාමරණ නැත්තේය කියන ඤාණය. එතකොට ඤාණ දෙකයි. මේක පාළියෙන් ඉගෙන ගත්තහම මතක තියාගන්න ලේසියි. පළවෙනි ඤාණය **ජාති පච්චයා ජරාමරණන්ති ඤාණං.** ඉපදීම ප්‍රත්‍යයෙන් ජරාමරණ වෙනවා කියලා අවබෝධයක් ඇද්ද ඒක ඤාණයක්. ඊළඟ එක **අසති ජාතියා නත්ථි ජරාමරණන්ති ඤාණං.** ඉපදීම නැත්නම් ජරාමරණ නැත කියලා අවබෝධයක් ඇද්ද ඒකත් ඤාණයක්.

ඊළඟ එක **අතීතම්පි අද්ධානං ජාති පච්චයා ජරාමරණන්ති ඤාණං.** අතීතයේත් ජරාමරණ සෝක වැලපීම් දුක්දොම්නස් සුසුම් හෙළීම් ආදී මේ සියලු දුක් හටගත්තේ ඉපදීම නිසා කියන ඤාණය. අතීතයේත් මේ ජරාමරණ දුක නැතිවුනේ ඉපදීම නැතිවීම නිසා කියන ඤාණය. අතීතයේ වැඩ සිටිය රහතන් වහන්සේලා ජරාමරණයෙන් නිදහස් වුනේ කොහොමද? ඉපදීම

නිරුද්ධ වෙච්ච නිසා. එහෙනම් අතීතයේත් ජරාමරණ නැතිවුනේ ඉපදීම නැති වීම නිසා.

අනාගතයේත් ජරාමරණ හටගන්නේ ඉපදීම නිසයි....

එතකොට අතීතය අරබයා ඤාණ දෙකයි. අතීතයේත් ජරාමරණ හටගත්තා නම් හටගත්තේ ඉපදීම නිසා. අතීතයේත් ජරාමරණ නැති වුනා නම් නැති වුනේ ඉපදීම නැති වීම නිසා. එතකොට ඤාණ හතරයි. ඊළඟට **අනාගතම්පි අද්ධානං ජාතිපච්චයා ජරාමරණන්ති ඤාණං.** අනාගතයේත් ජරාමරණ හටගන්නේ ඉපදීම නිසා කියන එක තේරුනා නම් ඒක ඤාණයක්. එතකොට එයා අනාගතය පතන්නේ නෑ. අනාගතයේත් ඉපදීම නැති කල්හි ජරාමරණ නැත කියන එකත් ඤාණයක්. දැන් ඔක්කොම ඤාණ හයයි.

ඊළඟට එක **යම්පිස්ස තං ධම්මට්ඨිති ඤාණං.** යම්කිසි කෙනෙකුට ඔය කියාපු කරුණු ගැන අවබෝධයක් ඇද්ද, (ඒ කිව්වේ වර්තමානයේ ජරාමරණ හටගන්නේ ඉපදීම නිසා, ඉපදීමක් නැත්නම් ජරාමරණ හටගන්නේ නෑ. මේක අනාගතයේත් එහෙමයි අතීතයේත් එහෙමයි. අතීත අනාගත වර්තමාන කියන තුන් කාලයට ම පොදු ධර්මතාවයක් වන මෙය තේරුම් ගත්තද, ඒකට කියනවා ධම්මට්ඨිති ඤාණය කියලා. ඒ ධම්මට්ඨිති ඤාණයත් **ඛයධම්මං** ක්ෂය වී යන දෙයක්. **වයධම්මං** වැනසී යන දෙයක්. **විරාගධම්මං** ඒක 'මට අවබෝධ වුනා.... මට අවබෝධ වුනා....' කිය කිය ඇලුම් කර කර ඉන්න දෙයක් නෙමෙයි. **නිරෝධම්මං** ඒ කෙරෙහි තියෙන ඇල්ම පවා නිරුද්ධ කරන්න ඕනෙ.

ධර්මය තිබෙන්නේ එතෙර වීම පිණිසයි....

ඒකනේ බුදුරජාණන් වහන්සේ දේශනා කළේ උන්වහන්සේගේ ධර්මය පහුරක් වශයෙන් පාවිච්චි කළයුතු එකක් කියලා. ඒක කරේ තියාගෙන යා යුතු එකක් නෙමෙයි. උන්වහන්සේ ආර්ය අෂ්ටාංගික මාර්ගය පහුරකට උපමා කළා. ඒ පහුරේ අවශ්‍යතාවය තියෙන්නේ ගඟෙන් එතෙර වෙනකම් විතරයි. ගඟෙන් එතෙර වුනාට පස්සේ පහුර කරේ තියාගෙන යන්නේ නෑ. බුදුරජාණන් වහන්සේ දේශනා කරන්නේ අන්තිමට ඒ අවබෝධ කරන දේත් නොඇලිය යුතු දෙයක් හැටියට තේරුම් ගන්න කියලයි.

දැන් අපි ඤාණවත්ථු හතක් ගැන ඉගෙන ගත්තා. මොනවද ඒ? පළවෙනි එක **ජාතිපච්චයා ජරාමරණන්ති ඤාණං.** ඉපදීම නිසා ජරාමරණ ඇතිවෙනවා කියන ඤාණය. දෙවෙනි එක **අසති ජාතියා නත්ථි ජරාමරණන්ති ඤාණං.** ඉපදීම නැති කල්හි ජරාමරණ නැත කියන ඤාණය. තුන්වෙනි එක **අතීතම්පි අද්ධානං ජාති පච්චයා ජරාමරණන්ති ඤාණං.** අතීත කාලයේත් ඉපදීම නිසයි ජරාමරණ හටගත්තේ කියන ඤාණය. හතරවෙනි එක **අතීතම්පි අද්ධානං අසති ජාතියා නත්ථි ජරාමරණන්ති ඤාණං.** අතීත කාලෙත් ඉපදීම නැතිවුනොත් ජරාමරණ නැතිවෙනවා කියන ඤාණය.

ධම්මට්ඨිති ඤාණය....

පස්වෙනි එක **අනාගතම්පි අද්ධානං ජාතිපච්චයා ජරාමරණන්ති ඤාණං.** අනාගත කාලයේත් ජරාමරණ හටගන්නේ ඉපදීම නිසා කියන ඤාණය. හයවෙනි එක

අනාගතම්පි අද්ධානං අසති ජාතියා නත්ථි ජරාමරණන්ති ඤාණං. අනාගත කාලයේත් ඉපදීම නැති කල්හි ජරාමරණ නැත්තේය කියන ඤාණය. හත්වෙනි එක **යම්පිස්ස තං ධම්මට්ඨිති ඤාණං** මේ ධර්මතාවයේ පැවැත්ම හා නැවැත්ම පිළිබඳ යම් අවබෝධයක් ඇද්ද, ධම්මට්ඨිති ඤාණයක් ඇද්ද, **තම්පි ඛයධම්මං වයධම්මං විරාග ධම්මං නිරෝධධම්මන්ති ඤාණං.** ඒ ඤාණයත් ක්ෂය වී යන ස්වභාවයෙන් යුක්තයි, වැනසී යන ස්වභාවයෙන් යුක්තයි, නොඇලිය යුතු ස්වභාවයෙන් යුක්තයි, නිරුද්ධ වන ස්වභාවයෙන් යුක්තයි කියන ඤාණය.

දැන් බලන්න බුද්ධ දේශනාවේ තියෙන අපූර්වත්වය. ග්‍රහණය වීමක් ගැන නෙමෙයි මේ කියන්නේ. ග්‍රහණයෙන් මිදීමක් ගැනයි. ගැටගැහිල්ලක් ගැන නෙමෙයි කියන්නේ. ගැට ලෙහා ගැනීමක් ගැනයි. ඤාණයක් ගැන කියන්නෙත් ඒ ඤාණය වැළඳගෙන හුවා දක්වගන්න නෙමෙයි. ඒ ඤාණය අවබෝධය පිණිස පාවිච්චි කරලා ඒකට නොඇලී ඉන්නයි. එතකොට බලන්න බුදුරජාණන් වහන්සේගේ ධර්මයේ සම්පූර්ණයෙන්ම තියෙන්නේ නොඇල්මක් ගැන නේද?

මේ පිළිබඳ තිබෙන අවබෝධයත් අනිත්‍යයි....

දැන් බලන්න හිතලා රහතන් වහන්සේලාට මේ ඤාණ හතම තියෙනවනේ. ඒ රහතන් වහන්සේලා තුළ තිබුණ ඤාණය උන්වහන්සේලා පිරිනිවන් පෑමත් සමග නැතිවෙනවද නැද්ද? නැතිවෙනවා. එහෙනම් මේ ඤාණයත් ක්ෂය වී යන ධර්මයක් නේ. නැසී

යන ධර්මයක් නේ. උන්වහන්සේලා ඒක දැනගෙන නොඇලිච්ච නිසා නේද නිදහස් වුනේ. මේ විදිහට පටිච්ච සමුප්පාදයේ තියෙන එක් එක් ප්‍රත්‍යයක් හත් ආකාරයකින් බලන්න දක්ෂකම අපි ඇතිකරගන්න ඕනෙ. දැන් එහෙනම් භවය ගැනත් මේ හත් ආකාරයට තේරුම් ගන්නේ කොහොමද බලමු.

භව පච්චයා ජාතීති ඤාණං. භවය නිසා උපදී කියන ඤාණය. දෙවෙනි එක භවය නැති කල්හි උපත නැත්තේය කියන ඤාණය. අතීතයේත් ඉපදුනේ භවය නිසාමයි කියන ඤාණය. අතීතයේත් ඉපදීම නැතිකල්හි භවයක් නැත කියන ඤාණය. අනාගතයේත් උපදින්නේ භවය නිසා කියන ඤාණය. අනාගතයේත් භවයක් නැති කල්හි උපතක් නැත්තේය කියන ඤාණය. මේ පිළිබඳ යම් අවබෝධයක් ඇද්ද, ඒ ධම්මට්ඨිති ඤාණයත් **ඛයධම්මං වයධම්මං විරාගධම්මං නිරෝධධම්මන්ති ඤාණං.** ක්ෂය වී යන ස්වභාවයෙන් යුතු, වැනසී යන ස්වභාවයෙන් යුතු, නොඇලිය යුතු ස්වභාවයෙන් යුතු, නිරුද්ධ වෙන ස්වභාවයෙන් යුතු දෙයක්ය කියලා ඇතිවන ඤාණය.

බුදුරජුන්ගේ ප්‍රඥා මහිමය....

මේ බුද්ධ දේශනා වලින් බුදුරජාණන් වහන්සේගේ ප්‍රඥා මහිමය මනාකොට පැහැදිලි වෙනවා. බුදුරජාණන් වහන්සේ ශ්‍රාවකයන්ට ඉගැන්නුවා තමන් තුළ ඇතිවෙන අවබෝධයවත් ඤාණයවත් මම, මගේ කියලා ග්‍රහණය කරගන්න එපා කියලා. අවබෝධය අවබෝධය හැටියටම මමත්වයෙන් තොරව දකින්න දක්ෂවෙන්න කියලා ඉගැන්නුවා. 'මට අවබෝධ වුනා.... මම අවබෝධ කරගත්තා....' කියලා ශ්‍රාවකයා සම්මුතියෙන් කතා කළාට

ඒක හේතුඵල දහමක් විතරක් හැටියට දැකීමක් ගැනයි මේ කියන්නේ.

ඊළඟ එක **උපාදාන පච්චයා භවෝතීති ඤාණං.** උපාදානය නිසා භවය ඇතිවෙනවා කියන ඤාණය. උපාදාන නැතිකල්හි භවයක් නැත කියන ඤාණය. අතීතයේත් තිබිලා තියෙන්නේ මේ ස්වභාවයමයි කියන ඤාණය. අනාගතයේත් තිබෙන්නේ මේ ස්වභාවයමයි කියන ඤාණය. ඔබ අහලා තියෙනවනෙ ධර්මයේ තියෙනවා බුද්ධාදී අට තැන්හි සැකය කියලා විස්තරයක්. බුදුන් කෙරෙහි සැකය, දහම් කෙරෙහි සැකය, සඟුන් කෙරෙහි සැකය, ඊළඟට අතීතය ගැන සැකය, අනාගතය ගැන සැකය, මේ ඔක්කොම ඇතිවෙන්නේ පටිච්ච සමුප්පාදය දන්නෙ නැතිවීමෙන්.

අතීතයේ කවුරු වෙලා හිටියත් වැඩක් නෑ....

අතීතයේ හිටියද කවුද දන්නේ...? අනාගතයේ ඉඳියිද කවුද දන්නේ...? කියලා දැනටත් මිනිස්සු කියනවා. ඒ මොකක් අවබෝධ නොවීමද? මේ හේතුප්‍රත්‍ය ධර්මයන්ගේ සිදුවෙන රටාව නොදන්නාකම. ආර්ය සත්‍යය දන්නෙ නැතිකම. ආර්ය සත්‍යය දන්නවා නම් අපිට අතීතය ගැන එච්චර වැදගත්කමක් නෑ. අතීතයේ අපි රජ වෙලා හිටියා කියලා කවුරුහරි කිව්වත් ඒකේ වටිනාකමක් නෑ. අපි සිටුවරු වෙලා හිටියා කිව්වත් වටිනාකමක් නෑ. අපි හිඟන්නෝ වෙලා පාරේ ගියා කිව්වත් වටිනාකමක් නෑ.

අතීතයේ සත්තු සර්පයෝ වෙලා අපි හිටියා කිව්වත් ඒ ඔක්කෝම වෙලා තියෙන්නේ කොහොමද?

භව පච්චයා ජාති. උපාදාන පච්චයා භවෝ. එහෙමයි වෙලා තියෙන්නේ. අතීතයේත් දිගටම වෙලා තියෙන්නේ පටිච්ච සමුප්පාදයම හැදි හැදී තිබ්ච්ච එක. වර්තමානයෙත් වෙන්නේ පටිච්ච සමුප්පාදය ම හැදි හැදී තියෙන එක. අනාගතයේ වෙන්නෙත් පටිච්ච සමුප්පාදයම හැදි හැදී යන එක. අතීතයේ භවය හටගත්තෙත් උපාදාන නිසා. අතීතයේත් භවය නැති වුනේ උපාදාන නැතිවීමෙන්.

උපාදාන නැත්නම් භවයකුත් නෑ....

දැන් අපි බුදුරජාණන් වහන්සේගේ ජීවිතය ගත්තොත් දැන් තියෙන එකක්ද ඒක අතීතයට ගියපු එකක්ද? අතීතයට ගියපු එකක්. රහතන් වහන්සේලා ගැන ගත්තොත් දැන් තියෙන එකක්ද අතීතයට ගිය එකක්ද? අතීතයට ගියපු එකක්. අතීතයේ වැඩසිටි උන්වහන්සේලා තුළ භවය නිරුද්ධ වුනේ කුමක් නිරුද්ධ වීමෙන්ද? උපාදාන නිරුද්ධ වීමෙන්. ඒ වගේම අනාගතයේත් භවය හටගන්නවා නම් හටගන්නේ උපාදාන නිසා. අනාගතයේ භවය නිරුද්ධ වෙනවා නම් නිරුද්ධ වෙන්නේ උපාදාන නිරුද්ධ වීමෙන්.

ඊළඟට උපාදාන ප්‍රත්‍යයෙන් භවය හටගනී, උපාදාන නැති කල්හි භවයක් නැත කියන මේ කරුණ ගැන අතීත අනාගත වර්තමාන කියන තුන් කාලයට ම ඇතිකරගන්න වැටහීමට කියනවා ධම්මට්ඨිති ඤාණය කියලා. ඒ ධම්මට්ඨිති ඤාණයත් (**ඛයධම්මං වයධම්මං විරාගධම්මං නිරෝධධම්මන්ති ඤාණං**) ක්ෂය වී යන, නැසී යන, නිරුද්ධ වී යන එකක් කියලා ඇතිවන ඤාණය. දැන් ඔක්කොම ඤාණ දොළහයි. ඊළඟ එක **තණ්හා**

පච්චයා උපාදානන්ති ඤාණං. උපාදාන හටගන්නේ තණ්හාව නිසයි කියන ඤාණය. තණ්හාව නැති කල්හි උපාදාන නැත කියන ඤාණය.

අවබෝධය කියන්නේ ග්‍රහණය කරගතයුතු එකක් නෙමෙයි....

අතීතයේත් උපාදාන හටගත්තේ තණ්හාවෙන්. අතීතයේත් උපාදාන නැතිවෙන්නේ තණ්හාව නැතිවීමෙන්. අනාගතයේත් උපාදාන හටගන්නේ තණ්හාවෙන්. අනාගතයේත් උපාදාන නැතිවෙන්නේ තණ්හාව නැතිවීමෙන්. එතකොට අතීතයේත් වර්තමානයේත් අනාගතයේත් තණ්හාව ප්‍රත්‍යයෙන් උපාදාන හටගනී, තණ්හාව නැති කල්හි උපාදාන නැත කියන මේ ධම්මට්ඨිති ඤාණයත් ග්‍රහණය කරගත යුතු එකක් නෙමෙයි. ඒක අවබෝධයක්. අවබෝධය කියන්නේ ග්‍රහණය කරගත යුතු එකක් නෙමෙයි.

දැන් බලන්න එතකොට බුදුරජාණන් වහන්සේගේ ශ්‍රාවකයා තමන් තුළ ඇතිවන ඒ අවබෝධය පවා මම මගේ කියලා ගන්නෙ නැතුව, 'මේක මගේ ඤාණයක්... මටයි අවබෝධ වුනේ...' කියලා පුම්බ ගන්නෙ නැතුව, ඒ ශ්‍රාවකයා ඒ අවබෝධය පවා උපේක්ෂාවෙන් බලනවා. මේ අවබෝධයත් නිරුද්ධ වෙලා යන එකක් කියලා ඒ අවබෝධය ගැනත් නොඇලීමට කල්පනා කරනවා. ඊළඟ එක **වේදනා පච්චයා තණ්හාති ඤාණං.** විඳීම නිසයි තණ්හාව ඇතිවුනේ කියන ඤාණය. විඳීම නිසා නම් තණ්හාව ඇතිවුනේ විඳීම නැති කල්හි තණ්හාව නැත කියන ඤාණය.

යථාභූත ඤාණයෙන් විරාගය ඇතිවෙනවා....

මේ විදින ස්වභාවය තුළ මුළා වෙච්ච නිසා තමයි අපට මේක හොයාගන්න අපහසු. බුදුරජාණන් වහන්සේගේ ධර්මය තුළ ආර්ය අෂ්ටාංගික මාර්ගය යම්කිසි ශ්‍රාවකයෙක් දියුණු කළොත් ඒ ශ්‍රාවකයාට ඇතිවෙනවා ඤාණයක්. ඒකට කියනවා යථාභූත ඤාණය කියලා. යථාභූත ඤාණය කියන්නේ යමක තියෙන සැබෑ ස්වභාවය ඒ අයුරින්ම අවබෝධ වීම. යමක තියෙන සැබෑ ස්වභාවය ඒ අයුරින්ම දැක්කොත් විරාගය ඇතිවෙනවා. විරාගය ඇතිවෙනවා කියන්නේ ඒ කෙරෙහි ඇලෙන්නෙ නැතුව යනවා.

අපි ඇහේ ඇත්ත ස්වභාවය දැක්කොත්, කනේ ඇත්ත ස්වභාවය දැක්කොත්, නාසයේ ඇත්ත ස්වභාවය දැක්කොත්, දිවේ ඇත්ත ස්වභාවය දැක්කොත්, කයේ ඇත්ත ස්වභාවය දැක්කොත්, හිතේ ඇත්ත ස්වභාවය දැක්කොත් අපි මේවට ඇලෙන්නෙ නෑ. නමුත් අපිට පේන්නේ මේවා ආශ්වාදය විඳ විඳ යන්න තියෙන මහා වටිනා දේවල් හැටියට. ඒකයි අපි මේවාට ඇලී වාසය කරන්නේ. හැබැයි අපි තුළ ප්‍රඥාව වැඩුනොත්, ආර්ය අෂ්ටාංගික මාර්ගයේ ගමන් කළොත් යථාභූත ඤාණය ඇතිවෙනවා. අන්න එතකොට නොඇල්ම ඇතිවෙනවා. **විරාගා විමුච්චති.** නොඇල්ම ඇතිවෙච්ච ගමන් නිදහස් වෙනවා. **විමුත්තස්මිං විමුත්තමිති ඤාණං හෝති.** නිදහස් වුනාම නිදහස් වූ බවට අවබෝධයක් ඇතිවෙනවා.

ඤාණය කියන්නේ යම් කරුණක් පිළිබඳව ප්‍රත්‍යක්ෂ වීම....

ඊළඟ ඤාණය තමයි **වේදනා පච්චයා තණ්හාති ඤාණං.** තණ්හාව ඇතිවන්නේ විඳීම නිසා කියන ඤාණය. ඊළඟට විඳීම නැති කල්හි තණ්හාව නැත කියන ඤාණය. ඤාණය කියන්නේ ප්‍රත්‍යක්ෂ වූ කරුණ. දැන් අපි ගත්තොත් ආසවක්ඛය ඤාණය. ඒ කියන්නේ ආශ්‍රවයන් ක්ෂය වූ බවට ප්‍රත්‍යක්ෂ වීම. අපි කියනවා චුතූපපාත ඤාණය කියලා. ඒ කියන්නේ සත්වයන් චුත වීමත් සත්වයන් ඉපදීමත් කෙසේද වන්නේ කියන කරුණ ප්‍රත්‍යක්ෂ වීම. මේ වගේ **වේදනා පච්චයා තණ්හාති ඤාණං.** තණ්හාව හටගන්නේ විඳීමෙන් ම යි කියලා ප්‍රත්‍යක්ෂ වීම. ඒක ඤාණයක්. විඳීමක් නැත්නම් තණ්හාවක් හටගන්නේ නෑ කියන කරුණ ප්‍රත්‍යක්ෂ වීම. ඒකත් ඤාණයක්. මේ විදිහට ඔබ තේරුම් ගන්න ප්‍රත්‍යක්ෂ අත්දැකීමට තමයි ඤාණය කියලා කියන්නේ.

අතීතයටත් අනාගතයටත් ගලපා බලන්න ඕන....

අතීතයේත් තණ්හාව හටගත්තේ විඳීම නිසා. අතීතයේත් තණ්හාව නැතිවුනේ විඳීම නැතිවීමෙන්. අනාගතයේත් තණ්හාව හටගන්නේ විඳීම නිසා. අනාගතයේත් විඳීම නැතිවන්නේ තණ්හාව නැතිවීමෙන්. මේ අතීත අනාගත වර්තමාන කියන තුන් කාලයටම **වේදනා පච්චයා තණ්හා, අසති වේදනාය නත්ථි තණ්හා** වේදනාව නිසා තණ්හාව හටගනී, වේදනාව නැතිවීමෙන්

තණ්හාව නැතිවෙයි කියන ධර්මතාවය ගැන ඇති අවබෝධයට කියනවා ධම්මට්ඨිති ඤාණය කියලා.

ඒ ධම්මට්ඨිති ඤාණයත් **ඛයධම්මං වයධම්මං විරාගධම්මං නිරෝධධම්මන්ති ඤාණං.** එතන ධම්මං කියන්නේ ධර්මතාවය එහෙමත් නැත්නම් ස්වභාවය. **ඛයධම්මං** ක්ෂය වී යන ස්වභාවය. **වයධම්මං** වැනසී යන ස්වභාවය. **විරාගධම්මං** ඇල්ම දුරුවෙන ස්වභාවය. **නිරෝධධම්මං** ඇල්ම නිරුද්ධ වෙන ස්වභාවය. ඒ ධම්මට්ඨිති ඤාණයත් මේ ලක්ෂණ වලින් යුක්තයි කියලා බුදුරජාණන් වහන්සේ දේශනා කරනවා.

ප්‍රත්‍යක්ෂ වශයෙන් නොවැටහුනොත් ඒක ඤාණයක් නෙමෙයි....

ඊළඟ ඤාණය **ඵස්ස පච්චයා වේදනාති ඤාණං.** ස්පර්ශය ප්‍රත්‍යයෙනුයි විඳීම හටගන්නේ කියන ඤාණය. එහෙනම් අපිට මොන විදිහට කායික දුක් හටගත්තත් මොන විදිහට මානසික දුක් හටගත්තත් ඒ සෑම දුකක් ම හටගන්නේ ස්පර්ශය ප්‍රත්‍යයෙන්. මොන විදිහට කායික සැප හටගත්තත් මොන විදිහට මානසික සැප හටගත්තත් ඒ සෑම සැපක් ම හටගන්නේ ස්පර්ශය ප්‍රත්‍යයෙන්. ස්පර්ශය ප්‍රත්‍යයෙනුයි විඳීම හටගන්නේ කියන එක කෙනෙකුට ප්‍රත්‍යක්ෂ වශයෙන් වැටහුනොත් ඒක ඤාණයක්. ප්‍රත්‍යක්ෂ වශයෙන් වැටහුනේ නැත්නම් ඤාණයක් නෙමෙයි.

අපි කියනවා සීනි පැණි රහයි කියලා. කවුරු සීනි පැණි රහයි කිව්වත් අපිට ඒක තේරෙන්න නම්

සීනි ටිකක් කටේ දාගන්නම ඕනෙ. ඊට පස්සේ කවුරු කිව්වත් සීනි තිත්තයි කියලා අපි දන්නවා සීනි පැණි රහයි කියලා. ඒක අපේ ප්‍රත්‍යක්ෂ දැනුම. අන්න ඒ වගේ මේ පිළිබඳවත් ප්‍රත්‍යක්ෂ දැනුමක් ඇතිකර ගන්න ඕන කියලයි මේ කියන්නේ. ස්පර්ශය ප්‍රත්‍යයෙන් විඳීම හටගන්නවා. ස්පර්ශයක් නැත්නම් විඳීමක් හටගන්නේ නෑ. අතීතයේත් විඳීම හටගත්තේ ස්පර්ශයෙන්. අතීතයේත් විඳීම නැතිවුනේ ස්පර්ශය නැතිවීමෙන්. අනාගතයේ විඳීම හටගන්නේත් ස්පර්ශය නිසා. අනාගතයේත් විඳීම නැතිවෙන්නේ ස්පර්ශය නැතිවීමෙන්.

කලින් කලට වෙනස් නොවන ධර්මතාවයක්....

එහෙනම් අතීත අනාගත වර්තමාන කියන කාලත්‍රයටම මේ ධර්මතාවය එකයි. ඒක වෙනස් වෙන්නෙ නෑ. මේ කියපු පටිච්ච සමුප්පාද ධර්මතාවය අතීතයෙන් වර්තමානයට වෙනස් වෙන්නෙත් නෑ. වර්තමානයෙන් අනාගතයට වෙනස් වෙන්නෙත් නෑ. එකම ස්වභාවය. ඒකයි බුදුරජාණන් වහන්සේ දේශනා කරන්නේ " මහණෙනි, බුදුවරු පහළ වුනත් නැතත් ජරාමරණ හටගන්නේ ඉපදීම නිසා. බුදුවරු පහළ වුනත් නැතත් ඉපදෙන්නේ භවය නිසා. බුදුවරු පහළ වුනත් නැතත් භවය හටගන්නේ උපාදාන නිසා. බුදුවරු පහළ වුනත් නැතත් උපාදාන හටගන්නේ තණ්හාව නිසා. බුදුවරු පහළ වුනත් නැතත් තණ්හාව හටගන්නේ විඳීම නිසා. බුදුවරු පහළ වුනත් නැතත් විඳීම හටගන්නේ ස්පර්ශය නිසා" කියලා.

ග්‍රහණය වීම පිණිස නොවේ, නිදහස් වීම පිණිසයි....

දැන් බලන්න එතකොට ඤාණයක් අපිට අවශ්‍ය වන්නේ නිදහස් වීම පිණිසයි. ග්‍රහණය වීම පිණිස නෙමෙයි. හරි විදිහට ධර්මය හම්බ වුනොත්, හරි විදිහට ධර්මය වැටහුනොත්, ඒ ධර්මය පිළිබඳ වැටහීම තියෙන්නේ ග්‍රහණය වීම පිණිස නෙමෙයි. නිදහස් වීම පිණිසයි. ඊළඟ ඤාණය **සළායතන පච්චයා ඵස්සෝති ඤාණං.** සළායතන කියන්නේ ඇස, කන, නාසය, දිව, කය, මනස කියන මේ ආයතන හය. මේ ආයතන හය තමයි අපිට මේ ඔක්කොම අර්බුද නිර්මාණය කරලා දුන්නේ. මේ ආයතන හය නිසා තමයි ස්පර්ශය හටගත්තේ. ස්පර්ශය හටගත්තේ ආයතන හය නිසා නම් ආයතන හය නැත්නම් ස්පර්ශයක් නෑ.

එහෙනම් අතීතයේත් ස්පර්ශය හටගත්තේ ආයතන හය නිසා. අතීතයේත් ස්පර්ශය නැතිවුනේ ආයතන හය නැතිවීමෙන්. අනාගතයෙත් ස්පර්ශය හටගන්නේ ආයතන හය නිසා. අනාගතයේත් ස්පර්ශය නැතිවන්නේ ආයතන හය නැතිවීමෙන්. ආයතන හය නිසා ස්පර්ශය හටගනී, ආයතන හය නැති කල්හි ස්පර්ශය නැත කියන අතීතයට අනාගතයට වර්තමානයට පොදු මේ ධර්මතාවය පිළිබඳ ප්‍රත්‍යක්ෂ දැනුමට කියනවා ධම්මට්ඨිති ඤාණය කියලා. ඒ ධම්මට්ඨිති ඤාණයත් තියෙන්නේ අල්ලගන්න නොවෙයි නොඇලෙන්නයි කියලා එයා ඒක තේරුම් ගන්නවා.

ආයතන හයේ ක්‍රියාකාරීත්වය පවතින්නේ නාමරූප නිසයි....

ඊළඟ එක නාමරූප පච්චයා සළායතනන්ති ඤාණං. මේ ඇස, කන, නාසය, දිව, කය, මනස කියන ආයතන හය ගැන එයාට ඤාණයක් තියෙනවා මේ ආයතන හය නාමරූප නිසා හටගත්තු එකක් කියලා. ඇහැ නාමරූප නිසා හටගත්තු එකක්. කන නාමරූප නිසා හටගත්තු එකක්. නාසය නාමරූප නිසා හටගත්තු එකක්. දිව නාමරූප නිසා හටගත්තු එකක්. කය නාමරූප නිසා හටගත්තු එකක්. අපි යම් මනසකින් මෙනෙහි කරනවද, අපි යම් මනසකින් කල්පනා කරනවද, ඒ මනසත් නාමරූපයෙන් හටගත්තු එකක්.

නමුත් අපිට හිතෙන්නේ 'මම හිතනවා.... මම කල්පනා කරනවා.... මම මෙනෙහි කරනවා.... මට මතක් වෙනවා.... මට තරහ යනවා....' කියලයි. නමුත් ඇත්තෙන්ම වෙමින් තියෙන්නේ නාමරූපය නිසා පවතින ආයතන හයක ක්‍රියාකාරීත්වයක්. නාමරූප නිසයි ආයතන හය පවතින්නේ කියන කාරණය අවබෝධ වුනොත් ඒක එයාගේ ඤාණයක්. ඒ ඤාණය තියෙන කෙනාට, 'එහෙනම් මේ නාමරූප නැත්නම් ආයතන හය නැහැ නොවැ' කියලත් වැටහෙනවා. ඊට පස්සේ එයා එතනින් එයාගේ වැටහීම නවත්තගන්නේ නෑ. එයා අතීතය ගැනත් කල්පනා කරනවා.

ධම්මට්ඨිති ඤාණයත් නොඇලිය යුතු දෙයක්....

අතීතයේත් යම් ඇස, කන, නාසය, දිව, කය, මනසක් ඇතිවුනාද, එය ඇතිවුනේ නාමරූප නිසා. අතීතයේත්

ඇස, කන, නාසය, දිව, කය, මනස නිරුද්ධ වුනා නම් නිරුද්ධ වුනේ නාමරූප නිරුද්ධ වීමෙන්. අනාගතයේත් මේ ඇස කන නාසය දිව කය මනස හටගන්නේ නාමරූප නිසා. අනාගතයේත් මේ ඇස කන නාසය දිව කය මනස කියන ආයතන හය නිරුද්ධ වන්නේ නාමරූප නිරුද්ධ වීමෙන්. යම් කෙනෙක් මේ ධර්මතාවය තේරුම් ගත්තද, ඒක ඔහුගේ ධම්මට්ඨිති ඤාණයයි. ඒ ධම්මට්ඨිති ඤාණයත් **ඛයධම්මං වයධම්මං විරාගධම්මං නිරෝධධම්මං.** ඊළඟ එක **විඤ්ඤාණ පච්චයා නාමරූපන්ති ඤාණං.** එහෙනම් මේ නාමරූපයට මූලිකම හේතුව විඤ්ඤාණයයි. විඤ්ඤාණයේ උදව්වෙන්මයි නාමරූප හටගන්නේ. විඤ්ඤාණය නැත්නම් නාමරූප නෑ.

නාමරූප සහ විඤ්ඤාණයෙහි අන්තර් සම්බන්ධතාවය.....

මහා නිදාන සූත්‍රයේදී අපගේ ශාස්තෘන් වහන්සේ ආනන්ද ස්වාමීන් වහන්සේට දේශනා කරනවා "ආනන්දය, විඤ්ඤාණය ප්‍රත්‍යයෙන් නාමරූප පවතින හැටි මේ විදිහට තේරුම් ගන්න" කියනවා. ඔන්න විඤ්ඤාණයක් මව්කුසක පිළිසිඳ ගන්නවා. පිළිසිඳ ගත්තට පස්සේ මව්කුස තුළ නාමරූප වැඩෙනවා. නාමරූප වැඩෙමින් තියෙද්දි විඤ්ඤාණය මව්කුසෙන් නිකුත් වෙනවා. එතකොට නාමරූප වැඩෙන්නෙ නෑ. සමහර අවස්ථා වලදි මව්කුසේ දරුවෙක් පිහිටලා මාසයක් විතර ගියාට පස්සේ ඔන්න අම්මා අසනීප වෙනවා. එතකොට දරුවා මව්කුස ඇතුලෙම නැතිවෙනවා. නැතිවුනා කියන්නේ ඒ දරුවගේ විඤ්ඤාණය මව්කුසින් චුත වුනා. ඊට පස්සේ ඒ දරුවා මව්කුසේ වැඩෙන්නේ නෑ.

නාමරූප හැදෙන්න මොකක්ද එහෙනම් උපකාර වුනේ? විඤ්ඤාණය. බුදුරජාණන් වහන්සේ දේශනා කරනවා විඤ්ඤාණය නාමරූපයන්ගේ පැවැත්මට උපකාරී වෙනවා. නාමරූපය විඤ්ඤාණයේ පැවැත්මට උපකාරී වෙනවා කියලා. දැන් ඔන්න පොඩි දරුවෙක් ඉන්නවා. ඒ දරුවට අම්මා කිරි දෙන්නෙ නෑ. එතකොට නාමරූප වැඩෙන්නෙ නෑ. ළමයා මැරෙනවා. විඤ්ඤාණය චුත වෙනවා. ඒ විදිහට තමයි නාමරූපයෙන් විඤ්ඤාණයේ පැවැත්මට උදව් ලැබෙන්නේ. ඒ විඤ්ඤාණය නිසයි නාමරූපයන්ගේ පැවැත්ම තියෙන්නේ.

නිවී ගිය පහන් සිල.....

අපි මැරෙනකොට විඤ්ඤාණය තමයි චුතවෙන්නේ. ඒ චුත වෙන විඤ්ඤාණය තමයි උපතක් කරා යන්නේ. විඤ්ඤාණය නිරුද්ධ වෙනවා කියන්නේ නොපෙනී යනවා කියන එකයි. දැන් ඔන්න පහනක් දැල්වි දැල්වී තිබිලා නිවෙනවා. නිවිලා ගියහම ඒ පහන් දැල්ලට මොකද වුනේ? පහන් දැල්ල නොපෙනී ගියා. පහන් දැල්ල නොපෙනී ගියහම කෙනෙක් ඇහුවොත් පහන් දැල්ල කොහාටද ගියේ? කියලා හොයාගන්න පුළුවන්ද ගිය තැනක්? බැහැ. අන්න ඒ වගේ විඤ්ඤාණය නොපෙනී ගියාම කියනවා පිරිනිවන් පෑවා කියලා.

රහතන් වහන්සේගේ හැර අනිත් සෑම කෙනෙකුගේම විඤ්ඤාණය චුත වෙනවා. නිරුද්ධ වෙන්නේ නෑ. ඒ සෑම විඤ්ඤාණයක්ම චුත වෙනකොට මාරයා දන්නවා මේ විඤ්ඤාණය අසවල් තැනට යනවා කියලා. සමහර රහතන් වහන්සේලා පිරිනිවන් පෑවට පස්සේ මාරයා කලබලෙන් එහෙට මෙහෙට ගිහින්

හොයනවා. එතකොට බුදුරජාණන් වහන්සේ භික්ෂූන් වහන්සේලාගෙන් අහනවා "මහණෙනි, අර කලු පාට දුමක් එහෙ මෙහෙ ඇවිද ඇවිද යනවා පේනවද...?" කියලා. පේනවා කියනවා. "මහණෙනි, ඔය මාරයා ගෝධික භික්ෂුවගේ විඤ්ඤාණය හොයනවා" කියනවා. එහෙනම් මාරයාගේ ග්‍රහණයෙන් මිදිලා ඉන්නේ රහතන් වහන්සේලා විතරයි. අනිත් සියලු දෙනාම ඉන්නේ ඒ මාරයාගේ ග්‍රහණයේ.

කර්මයේ බලපෑම....

එතකොට බලන්න මේ සසර ගමන කොච්චර සංකීර්ණ ස්වභාවයක්ද.... එහෙන් මාරයාට ග්‍රහණය වෙලා. ඊළඟට කර්මයට ග්‍රහණය වෙලා. කර්මයට දාස වෙලා. ඒ කර්මයට දාස වෙච්ච ස්වභාවය ගැන දේශනාවේ තියෙන්නේ කඩ ඇණෙන් හිර කරපු කරත්ත රෝදය වගේ කියලයි. කරත්තෙට රෝදෙ හයි කරලා ඒ රෝදෙ එළියට පනින්නේ නැතිවෙන්න කරත්ත රෝදෙට එළියෙන් කුඤ්ඤයක් ගහනවා. ඒකට කියනවා කඩ ඇණය කියලා. ඒ ගහපු කුඤ්ඤෙ නිසා තමයි රෝදය ගැලවෙන්නෙ නැත්තේ. බුදුරජාණන් වහන්සේ පෙන්වා දෙනවා අන්න ඒ වගේ මේ සසරේ එක එක්කෙනාගේ ජීවිත වලට කර්මය නමැති කුඤ්ඤය ගහලා තියෙන්නේ කියනවා. ඒ නිසා ගැලවිලා යන්නෙ නෑ. සසරටම හිර වෙලා මේ පැවැත්ම දිගටම යනවා.

බේරෙන්න තැනක් නෑ....

කර්ම විපාකයට අහුවෙලා, තමන්ගේම අවිද්‍යාවට අහුවෙලා, තමන්ගේම තෘෂ්ණාවට අහුවෙලා,

තමන්ගේම අකුසල මුල් වල ක්‍රියාකාරීත්වයට අහුවෙලා, ඒ අතරේ පාප මිත්‍රයන්ටත් අහුවෙනවා. තමන්ගේම කෙලෙස් වලින් හටගන්න මාන්නෙටත් අහුවෙනවා. බේරෙන්න තැනක් නෑ. එහෙනම් මේ සත්වයාගේ සසර ගමන ඉතාම සංකීර්ණ එකක්. මේක ලේසියෙන් විසඳගන්න පුළුවන් ප්‍රහේලිකාවක් නෙමෙයි. මේක සරල සමීකරණයක් නෙමෙයි. ඒකනේ මේ අවබෝධය වෙනුවෙන් බොහෝ කැප විය යුත්තේ. තව තවත් සංකීර්ණ වෙවී අර්බුදයක් කරා යන්න නම් අමුතුවෙන් කැපවෙන්න දෙයක් නෑ.

මේ සංසාරේ ගමන් කරන සත්වයා හරියට පින් හරක් වගේ. පිනට ඇරපු හරක් රංචුව අද මෙහෙන් කනවා. හෙට තව තැනක ගිහිල්ලා හරකා කනවා. අනිද්දා බලද්දි හරක් මරන මිනිස්සු හරකව උස්සලා. ඒ වගේ උදේ හොඳට හිටියා, මෙන්න හවස ආරංචි වෙනවා මළා කියලා. ඔන්න ගමනක් ගියා, ටික වෙලාවකින් ආරංචි වෙනවා ඇක්සිඩන්ට් වෙලා මැරිලා කියලා. ඔන්න ට්‍රිප් එකක් යනවා. පහුවදා ආරංචි වෙනවා ගඟක නාන්න ගිහිල්ලා ගිලුනයි කියලා. මේ දැන් හොඳට ඉන්නවා. ටික වෙලාවකින් මරණය විසින් ඩැහැගෙන ගිහින්. මේ වගේ ඉතාම සංකීර්ණත්වයට පත්වෙච්ච සසර ගමනක තමයි අපි මේ යන්නේ.

ප්‍රඥාවන්තයන්ට පමණයි....

දැන් අපි විස්තර කර කර හිටියේ විඤ්ඤාණයයි නාමරූපයි අතර තියෙන සම්බන්ධය ගැන. බුදුරජාණන් වහන්සේගේ ශ්‍රාවකයා අවබෝධයක් ඇතිකරගන්න ඕනෙ විඤ්ඤාණය ප්‍රත්‍යයෙනුයි නාමරූප තියෙන්නේ කියලා. විඤ්ඤාණය ප්‍රත්‍යයෙන්

නම් නාමරූප තියෙන්නේ විඤ්ඤාණය නැතිකල්හි නාමරූප නැත්තේය. අතීතයේත් නාමරූප තිබුනේ විඤ්ඤාණය තිබුන නිසා. අතීතයේත් නාමරූප නැතිවුනේ විඤ්ඤාණය නැතිවීමෙන්. අනාගතයේත් නාමරූප හටගන්නේ විඤ්ඤාණය නිසා. අනාගතයේත් නාමරූප නැතිවෙන්නේ විඤ්ඤාණය නැතිවීමෙන්. මේ අවබෝධයට කියනවා ධම්මට්ඨිති ඤාණය කියලා. ඒ ධම්මට්ඨිති ඤාණයත් ක්ෂය වන ස්වභාවයෙන් යුතු, නැසී යන ස්වභාවයෙන් යුතු, නොඇලිය යුතු ස්වභාවයෙන් යුතු, නිරුද්ධ වන ස්වභාවයෙන් යුතු දෙයක්ය කියලත් ඤාණයක් තියෙන්න ඕනෙ.

මෙකල අකුසල මුල් බලවත්....

අපි මේවා නැවත නැවත අහන්න ඕනෙ. නැවත නැවත ඉගෙන ගන්න ඕනෙ. නැවත නැවත මෙනෙහි කරන්න ඕනෙ. මොකද හේතුව සාමාන්‍යයෙන් දහම් කරුණු ලේසියෙන් අපේ හිතේ පිහිටන්නේ නෑ. දැන් අපි මේ බණ ඇහුවට අපේ මේ කනට එච්චර බලයක් නෑ. මේ අහන අතරේ නානා දේවල්වලට හිත යනවා. ඔය යන අතරේ තමයි ආයෙ අමාරුවෙන් මේකට අවධානය යොමු කරගන්නේ. නමුත් කවුරුහරි කෙනෙක් කෙලෙස් හටගන්න, ද්වේශය හටගන්න, රාගය හටගන්න, භය හටගන්න කතාවක් කිව්වොත් ඒක නම් හොඳට හිතේ පිහිටනවා. ඇයි හේතුව අකුසල මුල් බලවත් නිසා, අකුසල් හටගන්න හේතුවෙන දේ සැණෙකින් හිතේ පිහිටනවා.

කුසල් හටගන්න දෙයක් හිතේ පිහිටුවා ගන්න හරිම අමාරුයි. ඒ නිසා ඒකට තමයි ගොඩාක් වීරිය ගන්න ඕන. කුසල් මුල් කියන්නේ අලෝභ, අද්වේශ, අමෝහ.

අලෝභ කියන්නේ ලෝභ නැතිකම. අද්වේශ කියන්නේ ද්වේශ නැතිකම. අමෝහ කියන්නේ මුළා නොවෙන බව. මේ කුසල් මුල් බලවත් නම් කුසලය ඉක්මනට හිතේ පිහිටනවා. බලවත් නැත්නම් ඒක පිහිටන්නෙ නෑ. ඒ නිසා අපට වැඩිපුර වීරිය ගන්න වෙනවා. වීරිය වැඩිපුර ගත්තේ නැත්නම් කුසලය හිතේ නොපිහිටා අයින් වෙලා යනවා.

කුසල් සිත ගොඩාක් බලසම්පන්නයි....

කාලයක් හිතට මුළා වෙලා ඔන්න අපි දියුණුයි කියලා හිතාගෙන ඉන්නවා. කාලයක් ගියහම ඔන්න අපිටම අවබෝධ වෙනවා එහෙම දියුණුවක් නෑ කියලා. ඒකේ තේරුම මොකක්ද? අප තුළ තියෙන කුසල මූලයන්ගේ දුර්වලකම සහ අකුසල මූලයන්ගේ බලවත්කම. අකුසල මූලයන් බලවත් වුනාට පස්සේ ළාමක දේ ඉක්මනට හිත පිහිටනවා. අසාර වූ දේ කෙරෙහි හිත පිහිටනවා. සාරවත් දේ කෙරෙහි ඉක්මනට ම හිත පිහිටන්නෙ නෑ. ඒක තමයි අකුසලයෙහි පිහිටි සිතේ තියෙන නීච ස්වභාවය. කුසල් සිත ඊට වඩා බලසම්පන්නයි.

බුදුරජාණන් වහන්සේගේ කාලේ හිටියා ඉසිදත්ත පුරාණ කියලා වඩු කාර්මිකයෝ දෙන්නෙක්. මේ දෙන්නා සේවය කළේ කොසොල් රජ්ජුරුවන්ගේ මාලිගාවේ. දවසක් මේගොල්ලෝ බුදුරජාණන් වහන්සේව මුණ ගැහෙන්න ආපු වෙලාවක උන්වහන්සේ ඒගොල්ලන්ට ප්‍රශංසා කරනවා ඔබලා තුළ මේ මේ ගුණ තියෙනවා කියලා. එවෙලේ ඒ දෙන්නා බුදුරජාණන් වහන්සේට කියනවා "ස්වාමීනී, අපි මීටත් වඩා දුෂ්කර දෙයක් කරනවා. කොසොල් රජ්ජුරුවන්ගේ මාලිගාවේ අන්තඃපුර

ස්ත්‍රීන් ඇතාගේ පිටට නග්ගන එකයි ඇතාගේ පිටින් බස්සන එකයි කරන්නේ අපි දෙන්නා.

බුද්ධ කාලයේ සිටි ගිහි උපාසකවරු....

ස්වාමීනී, ඒ නැගනිවරු ළඟට ආවහම එවෙලෙම සඳුන් කරඬුවක් ඇරියා වගෙයි සුවඳ. ඒ නැගනිවරුන්ගේ අතින් අල්ලගත්තහම සියක් වාරයක් පෙලූ පුළුන් වගෙයි පහස. ඒ නැගනිවරුන්ගේ අතින් අල්ලාගෙන අපි ඇතා පිටට නග්ගනවා. ඒ නැගනිවරුන්ගේ අතින් අල්ලාගෙන අපි ආයෙමත් ඇතාගේ පිටින් බස්සනවා. ස්වාමීනී, අපට මේතාක් ඒ නැගනිවරු ගැන වැරදි හිතක් ඇතිවෙලා නෑ. ස්වාමීනී, අපි අපේ රස්සාවත් කළා, හිතත් රැකගත්තා. ඒ නැගනිවරුත් රැක්කා...." කියනවා. බලන්න ඒ කාලේ හිටපු ගිහි අයගේ කුසල් සිතේ බලවත්කම කොයිතරම්ද කියලා.

මේ කාලේ නිකම් බිත්තියක තීන්ත වලින් පින්තූරයක් ඇඳලා තියෙනවා කියමු. හැබෑ කෙනෙක් නෑ. මේක දැකපු ගමන් මේකට මත්වෙලා මේන්න හැරි හැරී බල බලා යනවා. ඇයි හේතුව අකුසල මුල් බලවත්. අච්චර ධෛර්යයක් නෑ. තව ඒ කාලේ හිටියා විමලා කියලා වෙසඟනක්. වෙසඟනක් වුනාට කුසල් මුල් බලවත්. නමුත් මොකක් හරි සංසාරේ කර්මෙකට වෙසඟන වුනා. ඉතින් එයාට මනුස්සයෙක් එන්න කිව්වා පාක් එකට. වෙසඟන ගියා. ඒ මිනිහා ඇවිල්ලා නෑ. පාක් එකේ ඇවිද ඇවිද ඉන්නකොට ඔන්න මොග්ගල්ලාන රහතන් වහන්සේව දැක්කා.

කුසල් මුල් බලවත් නිසා කිපුනේ නෑ....

දැකලා මොග්ගල්ලාන මහරහතන් වහන්සේ ඉස්සරහට ඇවිල්ලා ඉඟිබිඟි පාන්න ගත්තා. මායම් දක්වන්න ගත්තා. ඊට පස්සේ ගෙජ්ජි හොල්ල හොල්ල අඩි හප්ප හප්ප ඇවිදිනවා. ඊට පස්සේ කොණ්ඩෙත් කඩා දැම්මා. මොග්ගල්ලාන මහරහතන් වහන්සේ කිව්වා "ආ... ආ... ආ... මොකද ඔය? මොකද ඔය විකාර නටන්නේ...? අහුවෙයි කියලද හිතන්නේ? අනේ මෝඩ ගෑණියේ පලයන්න මෙතනින්.... උඹ හිතන් ඉන්නේ උඹ ලස්සනයි කියලද?" කියලා අහනවා. අහලා දෙතිස් කුණුපය විස්තර කරනවා.

වෙන කෙනෙක් නම් මොග්ගල්ලාන මහරහතන් වහන්සේ කියන කියුම් ටිකට දිසාව අමතක වෙලා දුවනවා. එක්කෝ හොඳටෝම කිපෙනවා. නමුත් මෙයාගේ කුසල් මුල් බලවත් නිසා කිපුනේ නෑ. ඇයි හේතුව? අද්වේශය බලවත්. අද චුට්ටක් එහා මෙහා වෙනකොට කිපෙන්නේ ඇයි? ද්වේශය බලවත්. චුට්ටක් එහා මෙහා වෙනකොට කුලප්පු වෙන්නේ ඇයි? කාමය බලවත්. ලෝභය බලවත්. චුට්ටක් එහා මෙහා වෙනකොට අමාරුවේ වැටෙන්නේ ඇයි? මෝහය බලවත්.

මඩ වලේ ලගින නාකි මී හරක් වගේ....

ඊට පස්සේ මොග්ගල්ලාන මහරහතන් වහන්සේගෙන් විමලා අහනවා "මට හිතාගන්න බෑ ඔබවහන්සේ ගැන. ඔබවහන්සේට කවුද ඕවා කියලා දුන්නේ? වීර පුරුෂයෙකුගේ කතාවක්නේ ඔය කියන්නේ. මේ ස්ත්‍රී සරීරේ දැක්කහම සමහර පිරිමි එන්නේ

මඩ වලේ ලගින නාකි මී හරක් වගේ. ඔබවහන්සේ කොහොමද මෙහෙම ඉන්නේ? කියලා අහනවා. බලන්න නුවණ. එතකොට මොග්ගල්ලාන මහරහතන් වහන්සේ බුදුරජාණන් වහන්සේ ගැන කියනවා. මේ වෙසඟන ඔක්කොම අතඇරලා කෙලින්ම බුදුරජාණන් වහන්සේ හොයාගෙන ගියා. භික්ෂුණියක් වුනා. රහත් වුනා.

බලන්න ඒකට මුල් වුනේ කුසල් මුල් බලවත් වීම නේද? මේ කුසල් මුල් බලවත් වීමට උපකාරී වෙනවා වීරියෙන් යුක්තව ධර්මය පුරුදු කිරීම. වීරියෙන් යුක්තව සීලය පුරුදු කිරීම. වීරියෙන් යුක්තව ගුණධර්ම පුරුදු කිරීම. වීරියෙන් යුක්තව ගුණධර්ම දියුණු කරන්නේ නැත්නම් කුසල් මුල් බලවත් වෙන්නෙ නෑ. ඊළඟට බුදුරජාණන් වහන්සේ දේශනා කරනවා **සංඛාර පච්චයා විඤ්ඤාණන්ති ඤාණං.** සංස්කාර නිසා විඤ්ඤාණය හටගනී කියන ඤාණය. සංස්කාර නැති කල්හි විඤ්ඤාණය නැත කියන ඤාණය. අතීතයේත් සංස්කාර නිසයි විඤ්ඤාණය හටගත්තේ. අතීතයේත් සංස්කාර නැතිවීමෙනුයි විඤ්ඤාණය නැතිවුනේ. අනාගතයේත් සංස්කාර නිසයි විඤ්ඤාණය හටගන්නේ. අනාගතයේත් සංස්කාර නැතිවීමෙනුයි විඤ්ඤාණය නැතිවෙන්නේ.

ඤාණ වත්ථු හැත්තෑ හතක්....

මේ ධර්මතාවය අවබෝධ කිරීම ධම්මට්ඨිති ඤාණයයි. ඒ ධම්මට්ඨිති ඤාණයත් **ඛයධම්මං වයධම්මං විරාගධම්මං නිරෝධධම්මන්ති ඤාණං.** ඊළඟට **අවිජ්ජා පච්චයා සංඛාරාති ඤාණං.** මේ අවිද්‍යාව (ආර්ය සත්‍යය අවබෝධය නැතිකම) නිසයි සංස්කාරයන්ගේ පැවැත්ම තියෙන්නේ කියන ඤාණය. අවිද්‍යාව නැතිකල්හි

සංස්කාර නැත කියන ඤාණය. අතීතයේත් අවිද්‍යාව ප්‍රත්‍යයෙනුයි සංස්කාර හටගත්තේ කියන ඤාණය. අතීතයේත් අවිද්‍යාව නැති කල්හි සංස්කාර නැත කියන ඤාණය. අනාගතයේත් අවිද්‍යාව ප්‍රත්‍යයෙනුයි සංස්කාර හටගන්නේ කියන ඤාණය. අනාගතයේත් අවිද්‍යාව නැති කල්හි සංස්කාර නැත කියන ඤාණය.

මේ ධර්මතාවය අවබෝධ වීම ධම්මට්ඨිති ඤාණයයි. ඒ ධම්මට්ඨිති ඤාණයත් **ඛයධම්මං වයධම්මං විරාගධම්මං නිරෝධධම්මන්ති ඤාණං.** ක්ෂය වී යන ස්වභාවයෙන් යුතු, නැසී යන ස්වභාවයෙන් යුතු, නොඇලිය යුතු ස්වභාවයෙන් යුතු, නිරුද්ධ වන ස්වභාවයෙන් යුතු දෙයක්ය කියන ඤාණය. එතකොට මේ දේශනාවෙදි බුදුරජාණන් වහන්සේ ඤාණ හැත්තෑ හතක් ගැන දේශනා කරලා තියෙනවා. දැන් අපි ඒවා එකක් එකක් ගානේ ඉගෙන ගත්තා. ඒ වගේම බුදුරජාණන් වහන්සේ දේශනා කරනවා ශ්‍රාවකයා මේ තුළින් ආර්ය න්‍යාය අවබෝධ කරගන්න ඕනෙ කියලා.

මේ කය ඔබේ නොවේ....

ආර්ය න්‍යායට සමීකරණයක් තියෙනවා. සමීකරණයක් කියන්නේ යම්කිසි දෙයක් දිගටම තේරුම් ගැනීමේදී භාවිතා කළ හැකි පොඩි කොටසක්. ඒ කොටස පාවිච්චි කර කර තමයි දිගටම ඒක තේරුම් ගන්නේ. අපි දැන් ඔබට උගන්වන්නේ **න තුම්හ** කියන සූත්‍රය. න තුම්හ කියන්නේ ඔබගේ නොවේ කියන එකයි. බුදුරජාණන් වහන්සේ දේශනා කරනවා **නායං භික්ඛවේ කායෝ තුම්හාකං.** මහණෙනි, මේ කය ඔබේ නොවේ. මං කලින් ඔබට ඉගැන්නුවා ජරාමරණ කිච්චහම සෝක වැලපීම්

දුක් දොම්නස් ආදී ඔක්කොම විස්තර ගන්නවා වගේ මේකෙත් මේ කය ඔබේ නොවේ කියන එකට ඉතුරු ඒවත් ගන්න ඕනෙ.

මේ ඇස ඔබේ නොවේ. මේ කන ඔබේ නොවේ. මේ නාසය ඔබේ නොවේ. මේ දිව ඔබේ නොවේ. මේ කය ඔබේ නොවේ. මේ මනස ඔබේ නොවේ. **නාපි අඤ්ඤේසං.** අන් කෙනෙකුගේ ද නොවේ. **පුරාණමිදං භික්ඛවේ කම්මං.** මහණෙනි, මෙය පැරණි කර්මයකි. එහෙනම් මේ ඇස පැරණි කර්මයක්. මේ කන පැරණි කර්මයක්. මේ නාසය පැරණි කර්මයක්. මේ දිව පැරණි කර්මයක්. මේ කය පැරණි කර්මයක්. මේ මනස පැරණි කර්මයක්. ඇයි මේක පැරණි කර්මයක් කියන්නේ? **භව පච්චයා ජාති.** භවය නිසා ඉපදිච්ච එකක්.

කර්ම විපාකයක් හැටියට ලැබුණු දේවල්....

කලින් සකස් වූ භවයට අනුවයි අපි මේ ඉපදිලා ඉන්නේ. කර්ම විපාකයක් හැටියටයි අපි මේ ඉපදිලා තියෙන්නේ. මේ ඇස ලැබිලා තියෙන්නේ කර්ම විපාකයක් හැටියට. කන ලැබිලා තියෙන්නේ කර්ම විපාකයක් හැටියට. නාසය ලැබිලා තියෙන්නේ කර්ම විපාකයක් හැටියට. දිව ලැබිලා තියෙන්නේ කර්ම විපාකයක් හැටියට. ශරීරය ලැබිලා තියෙන්නේ කර්ම විපාකයක් හැටියට. මනස ලැබිලා තියෙන්නේ කර්ම විපාකයක් හැටියට. සමහර අය ඉන්නවා පොඩි කාලේ ඉඳලම මනසින් දුක් විඳිනවා. ඒ කර්ම විපාකයක්. සමහර අයට මොකුත් වටහා ගන්න බෑ. සමහර අය ඉන්නවා හරී දක්ෂයි. පුංචි කාලේ ඉඳලම එක එක දක්ෂතා වලට යොමු වෙනවා. ඒත් අර කර්ම විපාකය.

එතකොට එක එක කර්ම විපාක හැටියටයි මේ ජීවිතය ලැබිලා තියෙන්නේ. **අභිසංඛතං** විශේෂයෙන් සකස් වෙච්ච දෙයක්. **අභිසඤ්චේතයිතං** චේතනාවෙන් සකස් වෙච්ච දෙයක්. **වේදයිතං දට්ඨබ්බං** විඳව විඳව දකින්න තියෙන්නේ. ඇහෙන් රූප බැලුවට, කනෙන් ශබ්ද ඇහුවට, නාසයෙන් ආඝ්‍රාණය කළාට, දිවෙන් රස වින්දට, කයෙන් පහස ලැබුවට, අපි එක එක්කෙනා තම තමන්ගේ ලෝකවල විඳව විඳව ඉන්නේ. පිටට පෙන්වන හිනාව ඇතුලේ නෑ. එහෙම සංසාර ගමනක තමයි මේ යන්නේ.

පටිච්ච සමුප්පාදය ම මනාකොට මෙනෙහි කරයි....

බුදුරජාණන් වහන්සේ පෙන්වා දෙනවා **තත්‍ර භෝ භික්ඛවේ සුතවා අරියසාවකෝ** මහණෙනි, මෙහිලා ධර්මය ඇසූ (පුරාණ කර්මයක් හැටියට ලැබිච්ච මේ ඇස, කන, නාසය, දිව, කය, මනස පරිහරණය කරන) ආර්ය ශ්‍රාවකයා **පටිච්ච සමුප්පාදං යේව සාධුකං මනසිකරෝති.** පටිච්ච සමුප්පාදයම මනාකොට මෙනෙහි කරනවා. එහෙනම් විඳව විඳව ඉන්න වෙලාවට හොඳම දේ තමයි පටිච්ච සමුප්පාදය ම මෙනෙහි කරන එක. ගොඩාක් අය පටිච්ච සමුප්පාදය නෙමෙයිනේ මෙනෙහි කර කර ඉන්නේ. 'අයියෝ.... මට අසවලා මෙහෙම කළා.... මං හම්බ කරපුවා වතුරේ.... මං මේ ළමයිට ණය ගෙව්වා.... මාව අද බලන්න කෙනෙක් නෑ.... මට අද සලකන්න කෙනෙක් නෑ.... මං මෙහෙමයි කළේ....' කිය කියා මේ පැරණි කර්මය අල්ලගෙන විඳෝ විඳෝ ඉන්නවා.

ඒ විදිහට පැරණි කර්මය අල්ලගෙන විඳව විඳව ඉන්නේ ධර්ම ශ්‍රවණය නොලැබූ නිසයි. ධර්ම ශ්‍රවණය නොලැබූ කෙනා මේ ඇස කන නාසය දිව කය මනස වැළඳගෙන, මේකෙන් ම ඇතිවෙන දුක් පීඩා විඳ විඳ, මේ ගොඩේම බලාපොරොත්තු තියාගෙන, ඔහේ හිත ඇතුලෙන් විස්සෝප වෙවී ඉන්නවා 'අනේ මට මේ මොකද වුනේ...? ඇයි මට මෙහෙම උපතක් ලැබුනේ...? ඇයි මං මෙහෙම විඳවන්නේ...? ඇයි මං මැරිලා යන්නේ නැත්තේ...?' කියලා. හිතන්නේ මැරිලා ගියපු ගමන් තමන්ගේ ප්‍රශ්නය විසඳෙනවා කියලා.

කර්මයත් එක්ක සෙල්ලම් බෑ....

මේ ජීවිතේ මැරුනට පස්සේ ඊළඟ ජීවිතේ ආයෙ අලුතින් කර්ම විපාක දෙන්න පටන් ගන්නවා. තමන් මරණයට පත්වෙද්දි චුත වෙන විඤ්ඤාණයට තමන්ට බලපෑමක් කරන්න බෑ. කර්මානුරූපවයි ගිහිල්ලා උපදින්නේ. මං කිව්වේ අර ගොවි මහත්තයෙකුට වෙච්ච දේ. ඒ ගොවි මහත්තයා උදේ පාන්දර තමන්ගේ කුඹුර මැදින් යනකොට දීඝවාපි චෛත්‍යයට පූජා කරපු පතාකයක් හුළඟේ ගහගෙන ඇවිල්ලා තිබුනා. ඒක දැක්කා. පූජා කළා කියලා ලියලත් තිබුනා. නමුත් ඒක ගණන් නොගෙන පොරවගෙන ගියා. එයා හිතුවද ඒකෙන් යකඩ ගොඩක් එක්ක තහඩු පෙරේතයෙක් වෙලා උපදියි කියලා?

හිතපු නැති දේවල් එහෙම වෙනවා නම් කොච්චර භයානකද මේක. අපට ඕන ඕන හැටියට කර්මයත් එක්ක සෙල්ලම් කරන්න බෑ. කර්මය කියලා කියන්නේ භයානක එකක්. අර වස්සකාර කියන ඇමතියා දවසක්

මහා කච්චාන මහරහතන් වහන්සේ ගිජ්ඣකූටෙ ඉඳලා පල්ලෙහාට වඩිද්දි අපහාස කළා වඳුරෙක් වගේ කියලා. බුදුරජාණන් වහන්සේට ඒක ආරංචි වුනා. උන්වහන්සේ වදාළා සමාව නොගත්තොත් ඊළඟ ආත්මේ වඳුරෙක් තමයි කිව්වා. මේ මෝඩයා සමාව ගත්තේ නෑ. හැම තැනම අඹ හිටෙව්වා, වඳුරෙක් වුනාට පස්සේ කන්න දෙයක් තියෙන්න එපැයි කියලා. බලන්න මේ හිතේ ස්වභාවය කොච්චර තක්කඩිද. එබඳු ස්වභාවයකින් යුක්ත වූ හිතක් තමයි අපට තියෙන්නේ.

ළාමක දේවල් කොච්චර කල්පනා කළත් ජීවිතාවබෝධයක් ලැබෙන්නේ නෑ....

අපේ ජීවිත වලට එක එක ප්‍රශ්න එනකොට, ඒවා ගැනම කල්පනා කර කර ඉන්නකොට අකුසල්මයි හටගන්නේ. එක්කෝ තමන් කාපු බීපු දේවල් මෙනෙහි කර කර ඉන්නවා. එක්කෝ තමන් ආශ්වාදය විඳපු වෙනත් අරමුණු මෙනෙහි කර කර ඉන්නවා. එතකොට නූපන් රාගය උපදිනවා. එහෙම නැත්නම් ඔන්න ද්වේශය හටගන්නවා. ද්වේශයෙන් පුපුර ඉන්නවා. හාල් ගරන්න ගිහිල්ලත් ඔන්න මොකක්හරි ද්වේශය ඇතිවෙන සිද්ධියක් මතක් වෙනවා. ඊට පස්සේ බැන බැන හාල් ගරනවා. උයන්න ගියත් මතක් වෙනවා. බැන බැන උයනවා.

ඊට පස්සේ තමන් දුකට පත්වෙලා ඉන්න හැටි මතක් වෙනවා. 'අනේ අපි මෙහෙම දුක් විඳින්න ඕන පිරිසක් නෙමෙයි.... අපි මේ දුකට පත්වෙලා ඉන්නේ අරුන්ගේ වැරැද්ද නිසා.... අසවලා කරපු දේ නිසා අපට මෙහෙම වුනා....' කියලා කියව කියව පසුතැවෙනවා. එහෙම වෙනවාද නැද්ද මිනිස්සුන්ට? ඒ විදිහට පසුතැවි

තැවී පරණ කර්මයම නේද මේ වැළඳගෙන ඉන්නේ? ලාමක දේවල් කොච්චර කල්පනා කර කර පසුතැවි තැවී හිටියත් කවදාවත් අපිට ඒකෙන් ජීවිතාවබෝධයක් ලැබෙන්නේ නෑ.

අකුසල් මුල් බලවත් වුනාම හිතන විදිහ පටු වෙනවා....

අපි ක්‍රම ක්‍රමයෙන් තව නාකි වෙවී යාවි. අපි දිර දිර යාවි. අපි අකුසල්ම වැළඳගෙන මැරිලා යාවි. ගිහිල්ලා ආයෙත් කල්පනා කරන්න බැරි තැනක, යමක් තේරුම් ගන්න බැරි තැනකට වැටුනොත් මොකද වෙන්නේ? මේ ආත්මේ අපි යම්කිසි දෙයක් නුවණින් කල්පනා කරන්න මහන්සියක් ගන්නවා. මේ නුවණින් කල්පනා කරන්න මහන්සි ගන්න එකෙන් තමයි හිතන විදිහ පළල් වෙන්න පටන් ගන්නේ. ඒකට මහන්සි වුනේ නැත්නම් හිතන විදිහ පළල් වෙන්නේ නෑ. හිතන විදිහට පටුයි සාමාන්‍යයෙන්. අකුසල් මුල් බලවත් වුනාම හිතන විදිහ පටු වෙනවා. කුසල් මුල් බලවත් වුනාම හිතන විදිහ පළල් වෙනවා.

මේ කාලේ මනුස්සයාගේ හිතේ අකුසල් මුල් බලවත් නිසා හිතන විදිහ පටුයි. පටු විදිහටම කල්පනා කරනකොට එයාට ඒ පටු බවින් නිදහස් වෙන්න බෑ. යම්කිසි ආශ්වාදනීය අරමුණකට සිත ඇදිලා ගියොත් (තණ්හාව) ඒකට ග්‍රහණය වෙනවා. ග්‍රහණය (උපදානය) වෙච්ච ගමන් ඒ තුළ පිහිටලා එයා කර්ම රැස්කරනවා. ඒ වගේ එක අම්මා කෙනෙකුට පුංචි දරුවෙක් හිටියා. මේ දරුවා කුඩා අවධියේ ඒ අම්මා මැරුනා. මැරිලා ඉපදුනා පෙරේතියක් වෙලා. පෙරේතියක් වෙන්න හේතුව මේ

දරුවාට තියෙන ආසාව. ඒ අම්මාට මේ දරුවා අතඇර ගන්න බෑ. ඒ අම්මගේ ආශ්වාදනීය අරමුණ මේ දරුවා.

පටු සිතක අනතුර....

ඒ ආශ්වාදනීය අරමුණට හිත ඇදිලා ගියා. හිත ඇදිලා ගියපු නිසා ඒකට ග්‍රහණය වුනා. එතන ඉඳලා ඒ විදිහට කල්පනා කර කර හිටියා. ඊට පස්සේ මැරිලා ප්‍රේතියක් වෙලා ඇඟට රිංගගත්තා. ළමයට වයස මාස නමයයි. මාස නමයේ දරුවගේ ඇඟේ දැන් අම්මා ඉන්නවා ප්‍රේතියක් වෙලා. මේ දරුවා ලොකු වෙලා මහණ වුනා. එතකොට ඒ පෙරේතිට ලොකු භයක් හටගත්තා මේ දරුවා මට ආයෙ හම්බ වෙන එකක් නෑ. මගෙන් ගැලවෙන්නයි යන්නේ කියලා. පුළුවන් තරම් අර මහණකමට බාධා කළා. ඔන්න මේ දරුවා සිවුරු ඇරියා. දැන් ආයෙත් ඉන්නවා අම්මත් එක්ක.

පෙරේතිගේ අදහස තිබුනේ සිවුරු ඇරියේ නැත්නම් මරලා තමන්ගේ ළඟට ගන්න. එතකොට වැරදුනේ කොතනද? ඒ අම්මට ධර්මය නැතිකමයි. දැන් අපි කියමු ඒ දරුවට මාස නමයක් වෙලා තියෙද්දි මේ අම්මා මරණාසන්න වුනා. ඒ වෙලාවේ ඒ අම්මා කල්පනා කළා නම් දැන් මට දරුවෝ සිහිකරලා වැඩක් නෑ. මේ වෙලාවේ මං රැස්කරපු පිනම සිහි කරනවා කියලා පිනම මතක් කරගන්න පුළුවන් වුනා නම් එයාගේ කුසල් මුල් බලවත් වෙනවා. ගොඩාක් මනුස්සයන්ට පින් නෑනේ. තමන්ගේ මුළු ජීවිතේම වත්තයි ගෙදර දොරයි ළමයි ටිකයි ඇඳුම් කැඩුම් ටිකයි ඔය පොඩ්ඩෙනේ කැරකි කැරකි තියෙන්නේ. ඔයිට එහා යන්නෙ නෑනේ.

පළල් විදිහට කල්පනා කළා නම්....

අපි කියමු ඒ අම්මා පිනම සිහි කර කර ඉඳලා ඒ හේතුවෙන් මරණින් පස්සේ භූමාටු දෙවි කෙනෙක් වුනා කියමු. ඒ දෙවියා බලනවා මගේ දරුවා කෝ කියලා. දෙවි කෙනෙක් නිසා ඇඟට රිංගන්නේ නෑ. එතකොට ඉස්සෙල්ලම බේරුනේ කවුද? ඒ අම්මා. අර දරුවා ඔන්න තරුණ වෙනකොට මහණ වෙනවා. එතකොට අර දෙවියට ඒ පින අනුමෝදන් වීමේ හැකියාවක් තියෙනවා. ඇයි ඒ? පිනට ආසා කිරීම නිසානේ දෙවියෙක් වුනේ. ඒ දෙවියා හිතනවා 'අනේ සාදු සාදු.... කොච්චර හොඳද මේ දරුවා පැවිදි වුන එක' කියලා.

දැන් මේ දරුවා පැවිදි වෙලා ටික කලක් ගිහිල්ලා අපි කියමු සිවුරු අරින්න හිතුවා කියලා. එතකොට අර දෙවියා කල්පනා කරන්නේ කොහොමද? 'අයියෝ මහ විසාල කරදරයක තමයි මේ ළමයා ආයෙමත් වැටෙන්න යන්නේ' කියලා පිනටම තල්ලු කරනවා මිසක් ආයෙ පස්සට යවන්නෙ නෑ. නමුත් අර අම්මාට වුනේ ඉස්සෙල්ලම තමන් අමාරුවේ වැටුනා. ඊට පස්සේ තමන්ගේ දරුවත් අමාරුවේ දැම්මා. ඔහොම ඉඳලා එයා ප්‍රේත ආත්මෙන් චුත වෙනකොට පුතාව සිවුරු අරවපු අකුසලෙත් අයිති වෙලා, අනිත් අයට හිංසා කරපු එකත් අයිති වෙලා ඊළඟට නිරයේ.

ධර්මය පුරුදු නොකළොත්....!

මොකක්ද මේකට හේතුව? අකුසලය මැඩගෙන හිත කුසලයේ පිහිටුවා ගන්න, පිනේ පිහිටුවා ගන්න තියෙන බැරිකම. අසමර්ථකම. ඇයි ඒ අසමර්ථකම

ඇතිවුනේ? ධර්මය පුරුදු නොකිරීම නිසයි. ආස කරන දේවල් ම හිතින් වැළඳගෙන සිටීම නිසයි. ඒකෙන් අත්මිදෙන තාක් කල් ගැලවීමක් නෑ. දැන් තේරුම් ගන්න මේ ලෝකයේ මනුස්සයන් වෙලා ඉපදෙන අයගෙන් වැඩි පිරිසක් මැරුනට පස්සේ නිරයට යන්නේ කියලා. තව පිරිසක් ප්‍රේත ලෝකයේ. තව පිරිසක් අසුර ලෝකයේ. ගොඩාක් අය සත්තු සර්පයෝ වෙලා, පොඩි පොඩි සත්තු වෙලා ගෙදරට එනවා. කවුරුත් දන්නෙ නෑ.

දෙවි කෙනෙක් වෙන්නෙත් කලාතුරකින් කෙනෙක්. ඔබට මතකද මෑත භාගයේ අපි දිගින් දිගටම කරන දේශනා වල දෙවියන් අතර හිත පිහිටුවා ගන්න කියලා කියනවා. මොකද හේතුව අපට දැන් තේරුම් ගිහිල්ලා තියෙනවා මිනිස්සුන්ගේ කුසල් මුල් දුර්වලයි කියලා. කුසල් මුල් බලවත් කරගෙන දෙවියන් අතරට හරි පැනගත්තා නම් තමනුත් බේරිලා, වෙන කාටවත් කරදරයකුත් නෑ, තමන්ට ආයෙත් පින් කරගන්න කුසල් කරගන්න අවස්ථාවත් තියෙනවා. මේ ලැබිච්ච ජීවිතේ විසාල කරදරයකට පත්වෙන එකෙන් වළක්වගන්න ඔබට මේ පටිච්ච සමුප්පාදය ගැන තියෙන අවබෝධය ගොඩාක් ප්‍රයෝජනයි.

අපේක්ෂා සහිතව සිටීම දුකක්....

ඒ විදිහේ අවබෝධයක් නැත්නම් සත්කාර සම්මාන ගැනත් ආසාව ඇතිවෙනවා. හිතනවා 'මමයි මේ ළමයිව බන්දලා දුන්නේ.... මමයි මේ ළමයිට ඉගැන්නුවේ....' කියලා. දැන් එතකොට කටින් නොකිව්වට බලාපොරොත්තුවක් තියෙනවා ළමයි තමන්ට සළකයි කියලා. ඔන්න ලෙඩ වෙලා ඉස්පිරිතාලේ ගිහින් දැම්මා. ළමයි කවුරුත් ආවේ

නෑ. අනිත් අම්මලා තාත්තලාව බලන්න එක එක්කෙනා එනවා පේනවා. ඒක දකිනකොට 'මාව බලන්න කවුරුවත් ආවේ නෑනේ' කියලා හිතෙනවා. ඔන්න හොඳටම අසනීප වෙනවා. වතුර ටිකක් දෙන්නවත් කවුරුත් නෑ.

දැන් මෙයාට මෙනෙහි කරන්න දෙයක් නෑ. බලාපොරොත්තුවක්මයි තියෙන්නේ 'දැන් ඒවි.... මගෙන් සැප දුක් අසාවි.... මට උණු වතුර බෝතලේට වතුර ගෙනල්ලා දේවි.... මට තේ හදලා දේවි.... අම්මගෙ සැප දුක් කොහොමද...? තාත්තගෙ සැප දුක් කොහොමද...? කියලා අසාවි....' මේවා තමයි ඔලුවේ වැඩ කරන්න ගන්නේ. ඒක ඉෂ්ට වෙන්නේ නැතිවෙනකොට පටිසය හටගන්නවා 'මම මුන් වෙනුවෙන් මගේ මුළු ජීවිතේම කැප කළා. ඒත් මෙවුන් එකෙක්වත් මං උන්නද මළාද කියලා බලන්නෙ නෑ....' කියලා.

වරදින්න තියෙන අවස්ථාවමයි වැඩි....

ඊට පස්සේ ධර්ම මනසිකාරයක් හිතේ පිහිටන්නෙ නෑ. සැළකිලි ලැබීමේ අපේක්ෂාවනේ තියෙන්නේ. එතකොට ධර්මය මෙනෙහි කරගන්න බෑ. ඊට පස්සේ ඒ අපේක්ෂාව හිත ඇතුලේ තියාගෙන මැරෙනවා. දුර යන්නෙ නෑ ළඟ උපදිනවා. එක්කෝ පෙරේතයෙක් වෙලා. එහෙම නැත්නම් ඒ ගෙදරම මොකෙක් හරි සතෙක් වෙලා. මේ කාලේ වරදින්න තියෙන අවස්ථාව වැඩියි. හරියන්න තියෙන අවස්ථාව බොහෝම අඩුයි.

අපි කියමු තමන් මුළු ජීවිතේම හම්බ කරලා, ළමයින්ට උගන්නලා, කසාද බන්දලා දීලා, ඔක්කොම යුතුකම් ඉෂ්ට කරලා අන්තිමට කාත් කවුරුත් නැතුව

තමන් තනි වෙලා ඉන්නවා කියමු. එතකොට කල්පනා කරන්න ඕනෙ කොහොමද? 'මං මෙහෙම හරි ඉන්නවා. මේ සසරේ මේ වගේ නෙමෙයි, මීටත් වඩා නැතිවෙච්ච අය මොනතරම් ඉන්නවද? මං පෙර ආත්ම වල මේ සසරේ පටිච්ච සමුප්පාදයට අහුවෙච්ච නිසා මොන මොන ආකාරයේ ආත්ම ලබ ලබා ඉපිද ඉපිද මං යන්න ඇද්ද? මේ සියල්ල ම සිද්ධ වුනේ ඉපදීම නිසානේ....' කියලා කල්පනා කළොත් අන්න එතකොට එයා ඉපදීම ගැන කළකිරෙනවා.

ප්‍රඥාවෙන් දැකිය යුතු ආර්ය න්‍යාය....

බුදුරජාණන් වහන්සේ දේශනා කරනවා ශ්‍රැතවත් ආර්ය ශ්‍රාවකයා පටිච්ච සමුප්පාදය ම මනාකොට මෙනෙහි කරනවා කියලා. ඔන්න එහෙනම් අපට අකුසල් වලින් මිදෙන්න තියෙන හොඳ උපායක් අපගේ ශාස්තෲන් වහන්සේ පෙන්වා දෙනවා. ඒ තමයි පටිච්ච සමුප්පාදයම මනාකොට මෙනෙහි කිරීම. කොහොමද මනාකොට පටිච්ච සමුප්පාදය මෙනෙහි කරන්නේ? **ඉමස්මිං සති ඉදං හෝති.** මෙය ඇති කල්හි මෙය වේ. **ඉමස්ස උප්පාදා ඉදං උප්පජ්ජති.** මෙය උපදින විට මෙය උපදියි. **ඉමස්මිං අසති ඉදං න හෝති.** මෙය නැති කල්හි මෙය නැත්තේය. **ඉමස්ස නිරෝධා ඉදං නිරුජ්ඣති.** මෙය නිරුද්ධ වීමෙන් මෙය නිරුද්ධ වේ. අන්න ඒ කොටසට කියනවා ආර්ය න්‍යාය කියලා.

ඊට පස්සේ ඒ ශ්‍රාවකයා පටිච්ච සමුප්පාදයේ එක් එක් ප්‍රත්‍යයට මේ ආර්ය න්‍යාය ගලප ගලප බලනවා. කොහොමද බලන්නේ? **ඉමස්මිං සති ඉදං හෝති.** ඉපදීම ඇති කල්හි ජරාමරණ ඇත්තේය. **ඉමස්ස**

උප්පාදා ඉදං උප්පජ්ජති. ඉපදීම කියන එක හටගැනීම නිසයි මේ ජරාමරණ හටගත්තේ. **ඉමස්මිං අසති ඉදං න හෝති.** ඉපදීමක් නැත්නම් මට මේ දුක් කරදර නෑනේ. **ඉමස්ස නිරෝධා ඉදං නිරුජ්ඣති.** මේ ඉපදීම නිරුද්ධ වුනා නම් ජරාමරණත් නිරුද්ධයිනේ කියලා. ඊළඟට එයා 'භවය නිසා තමයි මට උපදින්න වුනේ, භවය ඉපදුනොත් තමයි උපදින්නේ, භවය නැත්නම් ඉපදීමක් නෑ, භවය නිරුද්ධ වුනොත් ඉපදීම නිරුද්ධ වෙනවා කියලා මෙනෙහි කරනවා.

මේ ජීවිතය දිහා අනුන්ගේ දෙයක් හැටියට බලන්න....

මේ විදිහට එයා මුළු පටිච්ච සමුප්පාදයම මෙනෙහි කරනවා. (ඉමස්මිං සති ඉදං හෝති) උපාදාන තිබුනොත් තමයි භවය තියෙන්නේ. (ඉමස්ස උප්පාදා ඉදං උප්පජ්ජති) උපාදානය හටගත්තොත් තමයි භවය හටගන්නේ. (ඉමස්මිං අසති ඉදං න හෝති) උපාදාන නැත්නම් භවයක් නෑ. (ඉමස්ස නිරෝධා ඉදං නිරුජ්ඣති) උපාදාන නිරුද්ධ වීමෙන් භවය නිරුද්ධ වේ. ඊළඟට තණ්හාව ඇති කල්හි උපාදාන ඇත. තණ්හාව හටගැනීමෙන් උපාදාන හටගනී. තණ්හාව නැත්නම් උපාදාන නෑ. තණ්හාව නිරුද්ධ වීමෙන් උපාදාන නිරුද්ධ වෙනවා.

එක දවසක් බුදුරජාණන් වහන්සේ සැවැත් නුවර ජේතවනාරාමයේ වැඩඉන්නකොට මිනිස්සු වගයක් දර කඩන්න ආවා. එතකොට බුදුරජාණන් වහන්සේ භික්ෂූන් වහන්සේලාගෙන් අහනවා "මහණෙනි, අර බලන්න මිනිස්සු ඇවිල්ලා වේලිච්ච දර කඩාගෙන යනවා. එතකොට 'අනේ අපේ අතපය කපනවා.... අපට වධ

දෙනවා.... අපේ දේවල් පැහැර ගන්නවා....' කියලා ඔබට අදහසක් ඇතිවෙනවද?" 'නෑ ස්වාමීනී' කියනවා. අන්න ඒ වගේ මේ ජීවිතය දිහාත් අනුන්ගේ දෙයක් හැටියට බලන්න කියනවා. අනිත්‍ය ධර්මයට අයිති දෙයක් විදිහට බලන්න කියනවා. එහෙම බලපු අය තමයි මේකෙන් නිදහස් වුනේ.

දෙව්ලොව ඉපදිලත් ප්‍රමාදී වුනොත්....

දැන් අපි ගත්තොත් කෙනෙක් දෙවියන් අතර හිත පිහිටුවා ගන්නවා. හැබැයි එයා එහෙදි වුනත් චතුරාර්ය සත්‍යාවබෝධයට වීරියක් නොකළොත් අවුරුදු දාහක් දිව්‍ය ලෝකෙ ඉඳලා එයා නැවත මිනිස් ලෝකෙට එනවා කියමු. ඒ එනකොට මනුස්ස ලෝකෙ අවුරුදු ලක්ෂ ගාණක් ගෙවිලා. එතකොට බුදු දහමක් නෑ. චතුරාර්ය සත්‍ය කතාවක් නෑ. කුසල් කියන්න කෙනෙක් නෑ. තමන් එන්නෙත් තමන්ගේ කුසල් ඉවරවෙලා. පින් ටික ඉවර වෙලා. ඊට පස්සේ වෙන්නේ මිසදිටු දේවල් අදහාගෙන, විශ්වාස කරගෙන ගිහිල්ලා මරණින් මත්තේ නිරයේ යන එකයි.

ඒ නිසා චතුරාර්ය සත්‍යය අවබෝධ කරගැනීමෙන් තොරව අපට වෙන විසඳුමක් නෑ. හැබැයි එතනට යන්න බෑ වීරියෙන් තොරව. ඒ නිසා මහන්සියෙන් යුක්තව ධර්මය පුරුදු කරගන්න ඕනෙ. හැබැයි ධර්මය පුරුදු කළයුත්තේ කැපී පේන්න නෙමෙයි. තමන්ගේ යහපත පිණිසයි. තමන්ගේ හිතේ අකුසල් හටගන්න එකෙන් වළක්වගන්නයි. ඔබ ධර්මය පුරුදු කරගෙන යනකොට තව එක්කෙනෙක් කිව්වා කියමු 'ආන්න ඔයාට අසවලා

හොඳටම බැන්නා' කියලා. එතකොට හිතන්න ඕනෙ 'අනේ මං සංසාරේ මේ වගේ කොච්චර නම් බැනුම් අහලා ඇද්ද.... කොච්චර නම් ගුටි කාලා ඇද්ද.... කොච්චර බෙලි කැපුම් කාලා ඇද්ද.... ඒ නිසා ඒක මේ සංසාරෙට අයිති දෙයක්....' කියලා ඒ විදිහට හිතපු ගමන් ආයෙත් ධර්මය මෙනෙහි කරන්න පුළුවන්කම ඔබට විවෘත වෙනවා.

ප්‍රශංසා වලට ආසා කරන්න එපා....

එහෙම නැතුව 'හා.... මට එහෙම බැන්නද? මං නම් කිසි වරදක් කළේ නෑ.... ඇයි මට එහෙම කළේ....' කියලා තමන් සුද්ද වෙන්න කල්පනා කරද්දි කරද්දි ධර්මය මෙනෙහි කරන්න පුළුවන්කම නැතුව යනවා. ඇයි එයා හැම තිස්සේම ආසා කරන්නේ අන් අයගේ ප්‍රශංසාවට. නිස්කාරනේ බැනුම් ඇහුවත් එයාට පුළුවන් නම් 'මේ වගේ මං සංසාරේ මොනතරම් බැනුම් අහලා ඇද්ද.... මේ බැනුම් ඇහිලි මොනවද....' කියලා සිහි කරගන්න එතකොට හිත සැහැල්ලු වෙලා යනවා. අර නින්දාව හිතේ පිහිටන්නේ නෑ. ආයෙමත් ධර්මය මෙනෙහි කරන්න පුළුවන්කම ලැබෙනවා.

එතකොට තව කෙනෙක් කියයි 'ඔයාට කිසි ගාණක් නැනේ.... ඇයි ඔච්චර නෝංජල් වෙන්නේ...? ඇයි එක එකාට ඔච්චර පාච්චල් වෙන්නේ...? ඔයත් දෙකක් කිව්වා නම් හරි.... ඔයා ඒක ලේසියෙන් අතඅරින්න එපා....' කියලා. එතකොට ඔබත් ඇවිස්සිලා ගිහින් තව තවත් ප්‍රශ්නය අවුලවගත්තොත් ඒ ඇවිලෙන ගින්න නිවන්න කවුරුත් නෑ. අවුලවන්න නම් ඕනතරම් ඉන්නවා. කුසල් සිතක් උපද්දවන්න කෙනෙක් නෑ. කුසලයේ සිත පිහිටුවන්න උපකාර කරන්න කෙනෙක් නෑ. ඔබට යම්

කෝපයක් හටගත්තොත් ඒ කෝපය අවුලවන්න නම් ඕනතරම් ඉඳියි.

මේක තමයි සසරේ ස්වභාවය....

ඔබ දුකට පත්වෙලා හිටියොත් ඒ දුකට කරුණු කියන්න ඕනතරම් ඉඳියි, 'මටත් හරි දුකයි ඔයා ගැන.... ඇයි ඔයා වගේ අම්මා කෙනෙකුට මෙහෙම වුනේ...? ඇයි ඔයා වගේ තාත්තා කෙනෙකුට මෙහෙම වුනේ...?' කියලා ඒක අවුස්සන්න ඕනතරම් ඉන්නවා. ධර්ම කාරණයක් සිහි කරලා දෙන්න මං හිතන්නේ නෑ කෙනෙක් ඉඳියි කියලා. එහෙම හිටියොත් තමන්ගේම පින් බලයෙන් තමයි. ඉතින් එබඳු ලෝකෙක මේ ධර්මය තමන් හොඳට පුරුදු කරගෙන ගියොත් දුක් පීඩා එනකොට මේක තමයි සසරේ ස්වභාවය කියලා මෙනෙහි කරන්න පුළුවන් වුනොත් අන්න එතකොට අවස්ථාව තියෙනවා පටිච්ච සමුප්පාදය මෙනෙහි කරගන්න.

දැන් අපි ආර්ය න්‍යාය තණ්හාව ළඟට එනකන් ගලප ගලප බැලුවා. ඒ කොහොමද? විඳීම ඇති කල්හි තණ්හාව ඇතිවෙනවා. විඳීම හටගත්තොත් තණ්හාව හටගන්නවා. විඳීමක් නැත්නම් තණ්හාවත් නෑ. විඳීම නැතිවුනොත් තණ්හාව නැතිවෙනවා. ඊළඟට ස්පර්ශය ඇති කල්හි විඳීම ඇතිවේ. ස්පර්ශය ඉපදීමෙන් විඳීම උපදියි. ස්පර්ශය නැති කල්හි විඳීම නැත. ස්පර්ශය නිරුද්ධ වීමෙන් විඳීම නිරුද්ධ වෙයි.

අලුත වදාපු වැස්සි වගේ ඉන්න....

දැන් පැවිදි වෙච්ච අපිට නම් විවේකයවත් තියෙනවා කියමු. ඔබට ඒ විවේකය නැනේ. තමන් කීයක්

හරි හොයාගන්න ඕනේ. ගෙවල් දොරවල් වල ප්‍රශ්න හරිගස්සගන්න ඕනෙ. වත්ත පිටිය සුද්ද පවිත්‍ර කරගන්න ඕනෙ. අතුපතු ගාගන්න ඕනෙ. ඇඳුම් කැඩුම් හෝදගන්න ඕනෙ. උයන්න පිහන්න ඕනෙ. මේ ඔක්කෝම අතරේ එක එක්කෙනා ඇවිල්ලා හොඳ දේවලුත් කතා කරනවා. තමන්ට අදාළ නැති දේවලුත් කතා කරනවා. අනුන්ගේ ප්‍රශ්නත් කතා කරනවා. ඔය අතරේ ගෙවල් වල ප්‍රශ්න හටගන්නවා. ඒ ඔක්කෝම මැද්දෙන් නේද මේ ධර්මය පුරුදු කරන්න තියෙන්නේ?

එතකොට අර අලුත වදාපු වැස්සියක් තමන්ගේ පැටියා ගැනත් අවධානය යොමු කරගෙන, තමනුත් තණකොළ කනවා වගේ ගෙදර දොරේ වැඩකටයුතු කරන අතරේ හැම තිස්සේම ධර්මය මෙනෙහි කිරීම ගැන කල්පනාව තියාගෙන ජීවත් වෙන්න ඕනෙ. මේක බුදුරජාණන් වහන්සේගේ උපමාවක්. බලන්න බුදුරජාණන් වහන්සේ කොච්චර කරුණාවන්තද කියලා. උන්වහන්සේ අපේ නැතිබැරිකම්, අපේ අපහසුතා, ඔක්කොම දන්නවා. ඒකනේ මේ වගේ උපමාවල් කියා දීලා තියෙන්නේ.

සතර අපාය භයම මෙනෙහි කරන්න ඕනෙ....

ඊළඟට අකුසල් වලට ම හිත යනවා නම් ඒකෙන් හිත වළක්වා ගතයුතු ආකාරය ගැනත් උන්වහන්සේ උපමාවක් දේශනා කළා. ඔන්න ගොපල්ලෙක් හොඳට පීදිලා තියෙන කුඹුරක් මැද්දෙන් නියර දිගේ ගවයෙක්ව දක්කගෙන යනවා. එතකොට ඒ නිල් ගොයම දැක්කහම ගවයගේ හොම්බ යන්නේ ගොයමටමයි. මේ වගේ තමයි කාමයට ම නැඹුරු වෙච්ච, අකුසලය ම පුරුදු කරපු සිත

නැවත නැවත යන්නේ අකුසලයටමයි. බැරිවෙලාවත් ගොපල්ලාගේ සුළු ප්‍රමාදයෙන් අර ගවයා ගොයමට හොම්බ දාලා ගොයම කෑවොත් දඬුවම් විඳින්න වෙන්නේ ගොපල්ලාටයි.

ඒ නිසා මේ ගොපල්ලා මොකද කරන්නේ ගවයා ගොයමට හොම්බ දානකොටම කෙවිට අරගෙන හොඳට රිදෙන්න තලනවා. එතකොට ගවයට සිහිය උපදිනවා. ඊට පස්සේ ගවයට හොම්බ දාන්න හිතුනත් මතක් වෙනවා අර කෙවිටි පහර. මතක් වුනහම ගොයමට හොම්බ නොදා පාඩුවේ යන ගමන යනවා. ඒ වගේ අපට තියෙන කෙවිටි පහර තමයි සතර අපා භය. සතර අපාය භය මෙනෙහි කර කර තමයි අපිට මේ අකුසලයෙන් හිත මුදවගන්න තියෙන්නේ. සතර අපාය භය මෙනෙහි කරන්නෙ නැත්නම් ලස්සනට හිත අකුසලයේ පිහිටනවා. සතර අපාය භය මෙනෙහි කිරීම තුළ තමයි එයාට පවට ලැජ්ජා භය හටගන්නේ. අකුසලයට ලැජ්ජා භය නැතිව ගිය ගමන් එයාට කරන්න බැරි පාපයක් නෑ.

කුසල් මුල් දුර්වල කෙනා ස්වභාවයෙන්ම ළාමකයි....

ඒ නිසා සතර අපායේ භය හොඳට නුවනින් මෙනෙහි කර කර තමන්ගේ හිතට තමන් පහර දෙන්න ඕනෙ. අන්න එතකොට සිහිය උපදවා ගන්න පුළුවන් වෙනවා. ඒ විදිහට තමයි ධර්ම මාර්ගය පුරුදු කරන්න කියලා බුදුරජාණන් වහන්සේ අපට පෙන්වා දීලා තියෙන්නේ. කුසල් මුල් දුර්වල හැමෝම වගේ ස්වභාවයෙන්ම කුලැටියි. ස්වභාවයෙන්ම නෝංජල්.

ස්වභාවයෙන්ම හීන වීරියෙන් යුක්තයි. ස්වභාවයෙන්ම හිත කඩාගෙන වැටෙනවා. ස්වභාවයෙන්ම ළාමකයි. කුසල් මුල් මැනවින් මෝරපු අය තමයි උපන්න වීරියෙන් යුක්ත වෙන්නේ. ළාමක නැත්තේ. ඉවසීමෙන් යුක්ත වෙන්නේ. ඒ නිසා අපිත් ඒ වගේ ඉවසීමෙන් යුක්ත ගතිගුණ පුරුදු කරමින් මේ මාර්ගය දියුණු කරන්න ඕනෙ.

ආයතන හය ඇති කල්හි ස්පර්ශය ඇත....

ඊළඟට ස්පර්ශය ගැනත් මෙනෙහි කරන්න ඕනෙ. ස්පර්ශය ඇති කල්හි විඳීම ඇත. ස්පර්ශය ඉපදීමෙන් විඳීම උපදී. ස්පර්ශය නැති කල්හි විඳීම නැත. ස්පර්ශය නිරුද්ධ වීමෙන් විඳීම නිරුද්ධ වේ. ඊළඟට ආයතන හය ඇති කල්හි ස්පර්ශය ඇත. ආයතන හය ඉපදීමෙන් ස්පර්ශය උපදී. ආයතන හය නැති කල්හි ස්පර්ශය නැත. ආයතන හය නිරුද්ධ වීමෙන් ස්පර්ශය නිරුද්ධ වේ. ඊළඟට නාමරූප ඇති කල්හි ආයතන හය ඇත. නාමරූප ඉපදීමෙන් ආයතන හය උපදී. නාමරූප නැති කල්හි ආයතන හය නැත. නාමරූප නිරුද්ධ වීමෙන් ආයතන හය නිරුද්ධ වේ.

ඊළඟට විඤ්ඤාණය ඇති කල්හි නාමරූප ඇත. විඤ්ඤාණය ඉපදීමෙන් නාමරූප උපදී. විඤ්ඤාණය නැති කල්හි නාමරූප නැත. විඤ්ඤාණය නිරුද්ධ වීමෙන් නාමරූප නිරුද්ධ වේ. ඊළඟට සංස්කාර ඇති කල්හි විඤ්ඤාණය ඇත. සංස්කාර ඉපදීමෙන් විඤ්ඤාණය උපදී. සංස්කාර නැති කල්හි විඤ්ඤාණය නැත. සංස්කාර නිරුද්ධ වීමෙන් විඤ්ඤාණය නිරුද්ධ වේ. ඊළඟට අවිද්‍යාව ඇති කල්හි සංස්කාර ඇත. අවිද්‍යාව ඉපදීමෙන්

සංස්කාර උපදී. අවිද්‍යාව නැති කල්හි සංස්කාර නැත. අවිද්‍යාව නිරුද්ධ වීමෙන් සංස්කාර නිරුද්ධ වෙයි.

දුක හටගන්නේ මෙහෙමයි....

ඊට පස්සේ බුදුරජාණන් වහන්සේ දේශනා කරනවා මෙසේ අවිද්‍යාව නිසා සංස්කාර හටගනී. සංස්කාර නිසා විඤ්ඤාණය හටගනී. විඤ්ඤාණය නිසා නාමරූප හටගනී. නාමරූප නිසා සළායතන හටගනී. සළායතන නිසා ස්පර්ශය හටගනී. ස්පර්ශය නිසා විඳීම හටගනී. විඳීම නිසා තණ්හාව හටගනී. තණ්හාව නිසා උපාදාන හටගනී. උපාදාන නිසා භවය හටගනී. භවය නිසා ඉපදෙයි. ඉපදීම නිසා ජරාමරණ සෝක වැළපුම් දුක් දොම්නස් සුසුම් හෙළීම් සියල්ල හටගනී. මෙසේ මුළු මහත් දුක්ඛස්කන්ධයාගේ හටගැනීම වේ.

දුක නිරුද්ධ වෙන්නේ මෙහෙමයි....

ඒ අවිද්‍යාව ම ඉතුරු නැතුව නිරුද්ධ වීමෙන් සංස්කාර නිරුද්ධ වේ. සංස්කාර නිරුද්ධ වීමෙන් විඤ්ඤාණය නිරුද්ධ වේ. විඤ්ඤාණය නිරුද්ධ වීමෙන් නාමරූප නිරුද්ධ වේ. නාමරූප නිරුද්ධ වීමෙන් ආයතන හය නිරුද්ධ වේ. ආයතන හය නිරුද්ධ වීමෙන් ස්පර්ශය නිරුද්ධ වේ. ස්පර්ශය නිරුද්ධ වීමෙන් විඳීම නිරුද්ධ වේ. විඳීම නිරුද්ධ වීමෙන් තණ්හාව නිරුද්ධ වේ. තණ්හාව නිරුද්ධ වීමෙන් උපාදාන නිරුද්ධ වේ. උපාදාන නිරුද්ධ වීමෙන් භවය නිරුද්ධ වේ. භවය නිරුද්ධ වීමෙන් ඉපදීම නිරුද්ධ වේ. ඉපදීම නිරුද්ධ වීමෙන් ජරාමරණ සෝක වැළපීම් දුක් දොම්නස් සුසුම් හෙළීම් සියල්ල නිරුද්ධ වේ. මෙසේ මුළු මහත් දුක්ඛස්කන්ධයේම නිරෝධය වේ.

දැන් සාමාන්‍යයෙන් අපි බුදුන් වඳිද්දි අවිජ්ජා පච්චයා සංඛාරා කියලා මේ පටිච්ච සමුප්පාදය සජ්ඣායනා කරනවා. හැබැයි මේක බුදුන් වඳිද්දි සජ්ඣායනා කරන්න තියෙන එකක් නෙමෙයි. මේක තියෙන්නේ මෙනෙහි කරන්නයි. සාමාන්‍ය ජීවිතයේ වැඩක් පළක් කරද්දි හරි නිකම් ඉන්නකොට හරි මේ විදිහට මෙනෙහි කරන්න ඔබ උත්සාහ කළොත් ඒකෙන් තමන්ගේ ප්‍රඥාවමයි වැඩෙන්නේ. 'ආ... මං එක පාරක් මෙනෙහි කළා. දැන් හරි....' කියලා අතඇරීමක් නෙමෙයි. නැවත නැවත මෙනෙහි කරන්න ඕනෙ. නැවත නැවත මෙනෙහි කරන්නෙ නැතුව අපට වැටහෙන්නෙ නෑ.

නොපසුබසිනා වීරියෙන් යුතු කෙනෙකු වේ නම්....

දහම් පොතක් වුනත් එක පාරක් කියවලා ආයෙත් කියවද්දි කලින් කියෙව්වටත් වඩා පැහැදිලි වෙන්නෙ නැද්ද? පැහැදිලි වෙනවා. තුන්වෙනි පාර කියවද්දි කලින්ටත් වඩා පැහැදිලි වෙනවා. ඒ වගේ ධර්මය නැවත නැවත මෙනෙහි කරද්දි, නැවත නැවත මෙනෙහි කරද්දි ඒ මෙනෙහි කරන කාරණය හොඳට පැහැදිලි වෙනවා. මෙනෙහි කරන කාරණය පැහැදිලි වෙන්න පැහැදිලි වෙන්න අපේ හිත කුසලයේ පිහිටන එක වැඩි වෙනවා. එතකොට කුසල් මුල් මෝරන්න ගන්නවා. කුසල් මුල් මෝරපු නැති ඒකේ ප්‍රශ්නයකටනේ අපි දැන් මූණ දීලා තියෙන්නේ.

ඔබ මේ ජීවිතයේදී අවංක උත්සාහයක් ගත්තොත්, අපි කියමු ඔබ මරණින් මත්තේ ගිහින් උපදිනවා දෙවියන් අතර. තව්තිසාවේ හරි එහෙම නැත්නම් තුසිතේ හරි

ගිහිල්ලා උපන්නා කියමු. එහෙම උපදින්නේ මෝඩපහේ දෙවියෙක් හැටියට නෙමෙයි. ප්‍රඥාසම්පන්න දෙවියෙක් හැටියටයි. ප්‍රඥාසම්පන්න බව කියන්නේ යමක ඇත්ත ස්වභාවය ඒ අයුරින්ම තේරුම් ගන්න තියෙන හැකියාව. යමක ඇත්ත ස්වභාවය ඒ අයුරින්ම තේරුම් ගන්න තියෙන හැකියාව නිසා ඔබට ඒ දිව්‍ය සැපයට මුළාවෙන එක නැතුව යනවා.

ලොවක් මවිත කළ පරිත්‍යාගය....

මේ ලෝකයේ ගොඩාක් අය ධනයට ආසයිනේ. මේ ලෝකයේ ධනවත්ම පුද්ගලයන් අතර කෙනෙක් තමයි ෆේස්බුක් කියන එක නිර්මාණය කරපු තරුණයා. මාර්ක් සකර්බර්ග් කියලා ඇමරිකන් ජාතික තරුණ මහත්තයෙක් තමයි ඔය ෆේස්බුක් කියන එක නිර්මාණය කළේ. එයා මීට අවුරුදු දෙකකට කලින් විවාහ වුනා. මේ ළඟදි ඒ මහත්තයාගේ බිරිඳට දුවෙක් ලැබුනා. ඒ දුවෙක් උපන්න ප්‍රීතියට එයා මොකද කළේ තමන්ගේ ධනයෙන් සීයට අනූ නවයක් අයින් කළා දීම පිණිස. වෙන කෙනෙක් නම් ඒ වගේ දෙයක් කරයිද? ඒ දීම පිණිස වෙන් කරපු ධනයේ ප්‍රමාණය ඇමරිකන් ඩොලර් බිලියන හතළිස් හයක්. බිලියනයක් කියන්නේ කෝටි සීයක්. ලංකාවේ සල්ලි වලින් අපිට ගණන් කරන්නත් බෑ.

දානය ගැන අහපු නැති, ධර්මය ඉගෙන ගත්තු නැති කෙනෙක් දානමය සිතුවිල්ලක් පහළ වෙලා තමන්ගේ සමස්ත ධනයෙන් පොඩි ප්‍රමාණයක් තමන්ට තියාගෙන ඉතුරු සියල්ල දන්දීම පිණිස අතඇරියා. ඒ ත්‍යාගය හැබෑ එකක්. එහෙම කරන්න පුළුවන් සසරේ පුරුදු කරපු අලෝභ කුසල් මුල බලවත් නම් විතරයි.

අලෝභ කුසල් මුල බලවත් නැත්නම් එහෙම කරන්න බෑ. දානයක් දෙන්න ගියත් වරුවක් කියෝ කියෝ ඉඳලා තමයි දෙන්නේ සමහරු.

ලෝභය නමැති අකුසල මූලය දුරුකළ යුතුයි....

මට මතකයි ඔය සුනාමි ආපු කාලේ මේ හොඳට කාලා බීලා ඇඳලා පැළඳලා හිටපු මිනිස්සු සුළු මොහොතින් හිඟමනට වැටුනනේ. සමහරුන්ගේ ඇඳිවත විතරයි. ඊට පස්සේ ඉතින් අපිත් දැනුම් දුන්නා පුළුපුළුවන් අය අපට ඇඳුම් එවන්න කියලා ඒගොල්ලන්ට බෙදන්න යන්න. සමහරු ගෙවල් වල පාවිච්චි කරලා විසි කරපු ඇඳුම් එව්වා. ඒ එකක්වත් මං බෙදුවේ නෑ. පිච්චුවා. අමාරුවේ වැටිච්ච වෙලාවට මනුස්සයෙකුට ඕවා බෙදන්න පුළුවන්යැ. අලුත් ඇඳුමක් දෙන්න අලෝභ සිත පහළ වෙන්නෙ නෑ. මට මතකයි ගල්කිස්සේ පැත්තේ එක තරුණ මහත්තයෙක් අපි ඇඳුම් බෙදනවා කියලා ආරංචි වෙලා පැකින් පිටින් අලුත්ම ෂර්ට්, අලුත්ම කමිස, අලුත්ම සරම් ලොරියක් පුරවලා ගෙනල්ලා බාරදීලා ගියා මේවා බෙදන්න කියලා.

මසුරු ගුරුතුමියගේ දානය....

එතකොට බලන්න අලෝභය නමැති කුසල මූලය තියෙන එක්කෙනා හොඳට දන් දෙනවා. ලෝභය බලවත් එක්කෙනාට එහෙම අතඇරගන්න බෑ. පොඩ්ඩක් අතඇරියත් වරුවක් කියවනවා. එක ටීචර් කෙනෙක් හිටියා ඒ ටීචර් දානෙ දෙනකොට පිරිසක් එකතු කරගන්නවා. කවුරුවත් කැමති නෑ ඒ ටීචත් එක්ක දාන දෙන්න යන්න.

කොටසක් හිටියා ඒ ටීචර්ගේ ගෝලයෝ. මූණ දෙන්න බැරිකමට ඉතින් අඬගැහුවමම යනවා.

දානෙ උයනකොට කියනවා 'හා... හා... පොල් වැඩියි' පොල් දාන්න දෙන්නෙත් නෑ. 'හා... හා... කිරි දාන්න එපා ස්වාමීන් වහන්සේලාට' කියනවා. කිරි දාන්න දෙන්නෙත් නෑ. මිරිස් දාන්න හදනකොට හා... හා... මිරිස් දාන්න එපා... බඩ දැවිල්ල ගනියි' කියනවා. මිරිසුත් නෑ. ඊට පස්සේ තෙම්පරාදු කරද්දි 'හා... හා... තෙල් දාන්න එපා. කොලොස්ටරෝල් හැදෙයි' කියනවා. තෙලුත් නෑ. ඒ නිසා දානෙට දෙන්නේ මොනවද වැටකොලුයි, පොලොසුයි, කොහිලයි. තවත් මොනවාහරි හදාගෙන ඊට පස්සේ වරුවක් කියෝනවා. මොකක්ද මේ? ලෝභය.

උපන්දින තෑග්ගට ගුවන් යානයක්....?

දීම කියන්නේ එහෙම එකක් නෙමෙයි. දැක්කනේ අර මනුස්සයා අතඇරපු තාලේ. කවුරුත් කියලා නෙමෙයි. හිතුනා 'අපේ දුව වෙනුවෙන් අපි මේක අත අරිමු' කියලා. ඉන්දියාවේ එක සල්ලිකාරයෙක් හිටියා. එයාගේ නෝනගේ උපන් දිනය ආවා. උපන්දින තෑග්ග හැටියට ලොකු ප්ලේන් එකක් අරන් දුන්නා. ඉන්දියාවේ තිස් කෝටියක් ඉන්නවා වේලක් කන්න නැතුව බඩගින්නේ. දීමට හිත යන්නෙ නෑ. පෙර ආත්මේ දීපු එකක් විතරක් අනුභව කරනවා. ඉතින් ඒ නිසා මේ ධර්ම මාර්ගය පුරුදු කරන්න අපි පටන් ගත්තොත් වටහා ගැනීමේ හැකියාව ඇතිවෙනවාමයි.

වටහාගැනීම කියන එක හොඳට පුරුදු කරපු අය තමයි බුද්ධ කාලෙම සුළු කරුණකින් ජීවිතය තේරුම්

ගන්න පෙළඹුනේ. බුදුරජාණන් වහන්සේගේ කාලේ, අපි ගමු හද්දා පිටිසර ගමක මිනිස්සු ටිකක් දර කඩාගෙන ඔන්න ගෙදර එනවා. එතකොට චාරිකාවේ වඩින ස්වාමීන් වහන්සේලා වගයක් ඉන්නවා දකිනවා. දානෙ පොඞ්ඩක් පූජා කරනවා. උන්වහන්සේලා 'එහෙනම් වාඩි වෙන්න බණ ටිකක් කියන්න' කියලා කියනවා 'එහෙනම් ඔය අම්මලා මේ ඇස අනිත්‍යයි, කන අනිත්‍යයි, නාසය අනිත්‍යයි, දිව අනිත්‍යයි, කය අනිත්‍යයි, මනස අනිත්‍යයි කියන එක පුරුදු කරන්න. අපිත් පුරුදු කරන්නේ ඕක තමයි' කියලා ඔය විදිහට විදර්ශනාවක් කියාදුන්නා කියමු.

සසරේ ධර්මය පුරුදු කොට තිබීම ලොකු උපකාරයක්....

දැන් සංසාරේ පුරුදු කරපු ධර්මයක් තිබුනා නම්, එයාගේ අමෝහය නමැති කුසල මූලය බලවත් නම්, මේ විදිහට පුරුදු කරද්දි එයාට මේ විදර්ශනාව වැටහෙන්න පටන් ගන්නවා. හැබැයි පුරුදු කරලා තිබුනොත් විතරයි. පුරුදු කරලා නැත්නම් ඒ අවස්ථාව ලැබෙන්නෙ නෑ. ඒ නිසා මේ ධර්මය ඉගෙන ගන්නවා කියලා කියන්නේ පොඞ්ඩක් පාඩම් කරලා සෑහීමකට පත්වීම නෙමෙයි. ධර්මය ඉගෙන ගැනීම පත්තර බලනවා වගේ, නවකතා බලනවා වගේ, කෙටිකතා කියවනවා වගේ කරන්න බෑ. ධර්මය නැවත නැවත කියවන්න ඕනෙ. සමහරවිට නැවත නැවත කියවන්න වීරිය එන්නෙ නෑ. පුරුදු වෙලා නැනේ එහෙම රටාවක්.

එතකොට අපි සතර අපාය භයම මෙනෙහි කරන්න ඕනෙ. 'ඔබට සතර අපාය භයෙන් මිදෙන්න

බෑ මේ ධර්මය නැතුව' කියලා නැවත නැවත කියන්න ඕනෙ හිතට. ඇයි අපේ හිත ලාමක දේටනේ පුරුදු වෙලා තියෙන්නේ. ලාමක දේවල් බලන්න, ලාමක දේවල් අහන්න, ලාමක වින්දනයට පුරුදු වෙච්ච සිතක්. බොහෝ කාලයක් තිස්සේ අකුසලයට පුරුදු කරපු සිතක් තමයි අපට තියෙන්නේ. අකුසලයට පුරුදු කරපු කටක් තියෙන්නේ. අකුසලයට පුරුදු කරපු කයක් තියෙන්නේ.

තමන්ගේ අසරණ භාවය තේරුම් ගන්න....

හැම තිස්සෙම අකුසලයට නම් පුරුදු කරලා තියෙන්නේ පහසුවෙන්ම අපේ අතින් කෙරෙන්නේ මොකක්ද? අකුසලය. වීරියෙන් කළයුත්තේ මොකක්ද? කුසලය. ඒ නිසා මේ කුසලය වැඩීමට අනිවාර්යයෙන්ම උත්සාහයක් ගන්න ඕනෙ. ඒ උත්සාහයට මං ඔබට හොඳ කාරණයක් කියන්නම්. සතර අපාය භය නිතර මෙනෙහි කළොත් එයා හිතෙන් අසරණ භාවයට පත්වෙනවාද නැද්ද? අසරණභාවයට පත්වෙනවා. තමන් මහා අසරණභාවයකින් ඉන්නේ කියලා තමන්ගේ ස්වභාවය ගැන තමන් දැනගන්නවා.

අන්න එතකොට එයාට සරණක් ඕනෙ. 'මට වෙන සරණක් නෑ. මට බුදුරජාණන් වහන්සේ තමයි සරණ. මට ධර්මය තමයි සරණ. ශ්‍රාවක සංඝයා තමයි සරණ' කියලා එතකොට එයා තෙරුවන් සරණ යනවා. දැන් බලන්න ඔබ පාරේ යද්දි කෙළවරක් නැතුව වාහන එහෙ දුවනවා. මෙහෙ දුවනවා. මිනිස්සු එහෙ මෙහෙ යනවා. අපිට ඒ කවරණයක් තියෙනවද? නෑනේ. ඇයි පාරේ යන මිනිස්සු කවදාවත් මැරිලා නැද්ද හැප්පිලා? මැරිලා තියෙනවා.

මං දැක්කා එක ලොරියක් බස් ස්ටෑන්ඩ් එකේ හිටපු උපාසක අම්මා කෙනෙක් යට කරන් ගිහිල්ලා. ඒ අම්මා බස් එක එනකන් බස් ස්ටෑන්ඩ් එකේ හිටියා. ලොරියක් ඇවිල්ලා මේ මනුස්සයාව යට කරගෙන ගියා.

ජීවිතයට ඇති අනතුරු....

පාරේ යන මනුස්සයාට මේ අනතුර නැද්ද? තියෙනවනෙ. කන බොන මනුස්සයාට මේ අනතුර නැද්ද? මැසි මදුරුවෝ හරියට ඉන්නවා. මදුරුවෝ කන එක්කෙනාට අනතුර නැද්ද? අනතුර තියෙනවා. සොර සතුරන්ගෙන් අනතුරු නැද්ද? අනතුරු තියෙනවා. එතකොට සතර අපායේ අනතුරු එහෙන්. උපන්න ජීවිතේට අනතුරු එහෙන්. මේ අනතුරු ගොඩාක් මැද්දේ අපට තියෙන පිහිට තමයි බුදුරජාණන් වහන්සේ සරණ යෑම. ධර්ම රත්නය සරණ යෑම. ශ්‍රාවක සංඝ රත්නය සරණ යෑම. මේ විදිහට සරණ මනාකොට පිහිටගෙන ඉන්න ඕනෙ.

සරණ මනාකොට පිහිටගෙන පටිච්ච සමුප්පාද ධර්මය මෙනෙහි කරන්න ඕනෙ. පටිච්ච සමුප්පාද ධර්මය මෙනෙහි කිරීමේදි අපහසුතා තියෙන්න පුළුවන්. ඒ කියන්නේ කෙනෙකුට එක දිගට මේක මෙනෙහි කරගන්න බැරිවෙන්න පුළුවන්. හිතින් මෙනෙහි කරගන්න බැරිවුනොත් වචනයෙන් මෙනෙහි කරන්න. ජරාමරණ හටගන්නේ ඉපදීම නිසා. ඉපදීම හටගන්නේ භවය නිසා කියලා වචනයෙන් මෙනෙහි කර කර ඉන්න. සජ්ඣායනා කරනවා කියලනේ ඒකට කියන්නේ.

වචනයෙන් සජ්ඣායනා කරන්න පුරුදු වෙන්න. ටික ටික උත්සාහ කරද්දි කරද්දි තමයි හිතට එන්න පටන් ගන්නේ.

සංසාරෙට කළකිරීම - බහුල සිතින් කල් ගෙවන්න....

වචනයෙනුත් මෙනෙහි කරගන්න බැරි නම් කළකිරෙන්න. තමන්ගේ හිතින් අහන්න 'උඹ ධර්මය ඉගෙන ගන්නවා.... ඒ වුනාට හිතින් මෙනෙහි කරගන්නත් බෑ.... නුඹට වචනයෙන් මෙනෙහි කරගන්නත් බෑ.... බලාපං නුඹ කොච්චර අසරණද? නුඹ කොච්චර දුර්වලද? නුඹේ මේ දුර්වල චිත්තයෙන් නුඹට පුළුවන්ද කුසල් උපද්දවන්න....' කියලා තවදුරටත් සසර ගැනම කලකිරෙන්න. අන්න ඒ විදිහට ඔබ වැඩ කරගත්තොත්, ඔබට ටික ටික අමාරුවෙන් හරි මේ ධර්මය පුරුදු කරගන්න අවස්ථාව ලැබෙනවා.

අපිට පේනවා අපි පොඩ්ඩක් නිශ්ශබ්ද වෙච්ච ගමන් ධර්මය මෙනෙහි කිරීම ඔබට අමතක වෙනවා. අමතක වෙලා ඊළඟ එක්කෙනාව කතාවට ඇදගන්නවා. ඇදගෙන ආයෙ මොනවහරි හිතේ ඇතිවෙන දේවල් කියවන්න ගන්නවා. එහෙම රටාවකට පුරුදු වෙච්ච අපිට මේ ධර්මය පුරුදු කරනවා කියන්නේ කැපවීමෙන් වීරියෙන් මහන්සියෙන් කරගත යුතු එකක්. අපි මෙතෙක් කල් දිගටම ඔබට කියාදුන්නේ පටිච්ච සමුප්පාද ධර්මය ගැනයි. පටිච්ච සමුප්පාද ධර්මය හටගන්න හැටි කියාදුන්නා. නිරුද්ධ වෙන හැටි කියාදුන්නා. එක එක ප්‍රත්‍යයක් වෙන් වෙන් වශයෙන් බලන හැටි කියාදුන්නා.

එන්නට නම් එපා යළිත් - දුකින් පිරුණු සංසාරෙට....

ඊළඟට මේ පටිච්ච සමුප්පාදයෙන් මිදෙන්න නම්, මේ හේතුඵල ධර්මතාවයෙන් නිදහස් වෙන්න නම් අපට තියෙන එකම මාර්ගය තමයි ආර්ය අෂ්ටාංගික මාර්ගය කියලා කියාදෙන්නා. මේ මාර්ගයේ යාමට බාධා පිණිස තියෙන්න පුළුවන් අපේම සංසාරගත කර්ම. අපේම දුර්වලතා. අමනුස්සයින්ගෙන් වෙන බාධා. මාර බලය. මේ සියල්ලෙන් නොයෙක් ආකාරයට බාධා තියෙන්න පුළුවන්. බාධා මැද්දෙන් තමයි පින් කර කර, චෛත්‍යය වැඳගෙන, වෙහෙර වැඳගෙන, බුදුන් වැඳගෙන, මල් පූජා කරගෙන හිමින් හිමින් අහිංසකව අරන් යන්න තියෙන්නේ.

මේක අහංකාර කමකින් ගෙනියන්න බෑ. ඇයි මේ හේතුප්‍රත්‍යයන් අනාත්මයිනේ. තමාගේ වසඟයේ පවතින්නේ නෑ. ඒ නිසා අපටත් මේ පටිච්ච සමුප්පාද ධර්මය ම මනාකොට මෙනෙහි කරගන්න වාසනාව ලැබේවා!

සාදු! සාදු!! සාදු!!!

❀ ❀ ❀

මහාමේඝ ප්‍රකාශන

www.ingramcontent.com/pod-product-compliance
Lightning Source LLC
Chambersburg PA
CBHW070528030426
42337CB00016B/2157